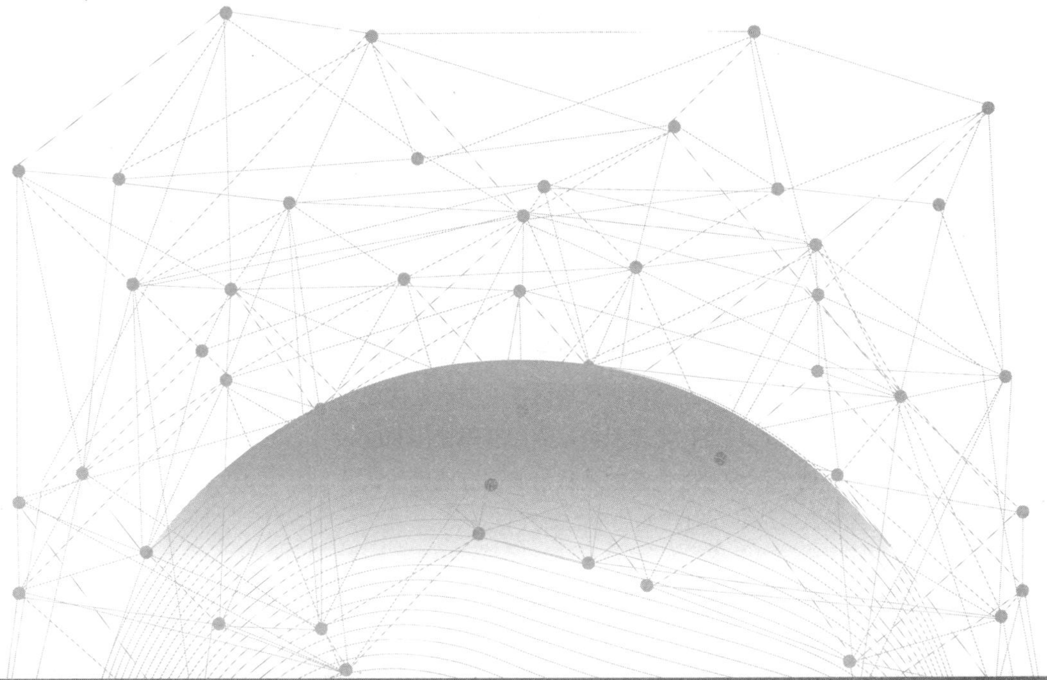

区块链+
未来应用

江青山◎著

中国纺织出版社有限公司

内 容 提 要

区块链作为一项新型技术已经成为整个社会发展的重要趋势之一，特别是在金融、物流、医疗保健、教育、民生、新零售、政务等领域应用尤为广泛，区块链正在与各行各业加速创新性融合。本书从区块链的内涵，区块链的核心理论等入手剖析区块链，解读数字经济和区块链带来的商业价值与社会价值，然后以实例来充分讲解区块链在不同行业的应用和成就，进而预测区块链在未来经济社会的变革作用和应用前景，本书有助于读者对区块链的现状与未来有清晰的认知，助力读者紧抓区块链在时代发展中的新红利。

图书在版编目（CIP）数据

区块链+未来应用 / 江青山著. —北京：中国纺织出版社有限公司，2021.6（2024.2重印）

ISBN 978－7－5180－8537－8

Ⅰ. ①区… Ⅱ. ①江… Ⅲ. ①区块链技术—研究 Ⅳ. ①F713.361.3

中国版本图书馆CIP数据核字（2021）第084069号

策划编辑：史 岩　　责任编辑：曹炳镝
责任校对：王花妮　　责任印制：储志伟

中国纺织出版社有限公司出版发行
地址：北京市朝阳区百子湾东里 A407 号楼　邮政编码：100124
销售电话：010—67004422　传真：010—87155801
http：//www.c-textilep.com
中国纺织出版社天猫旗舰店
官方微博 http://weibo.com/2119887771
北京兰星球彩色印刷有限公司印刷　各地新华书店经销
2021 年 6 月第 1 版　2024 年 2 月第 2 次印刷
开本：710 × 1000　1/16　印张：13
字数：160 千字　定价：68.00 元

推荐序

说起区块链，很多人第一反应依然是比特币，甚至不少人把比特币和区块链划上了等号。还有人单纯认为区块链就是一种分布式账本系统，大家会想“区块链不就是能记个账吗，也没什么大不了的吧？”显然这样的说法是只知区块链其一，不知区块链剩下的百分之九十九，倘若区块链真的只是比特币，只是一套记账系统的话，怎么可能被如此追捧，又怎么可能在经济社会掀起风浪，更不会得到国家高层领导的重视。

区块链到底是什么，可以说无法准确定义，但有一条却是区块链的核心，那就是未来与各个领域、各种应用互相匹配，为信用保障提供解决方案。

信用是人类演进过程中的一个重大问题，从对神话的信仰到对规则的信仰，再发展到对法律法规等的信仰，形成了人与人之间的信用交易，如果没有信用一切皆不可能实现。尤其人类越来越进步，生产方式、生产力都在不断提升和智能化，经济高度发达，各种协作增加的今天，如果没有“信用”来背书，整个体系又如何运行顺畅？虽然有不少交易由第三方来解决交易方之间的信任问题，但摆在人们面前的现实就是之前互相不信任的双方，必须无条件去信任第三方。这种解决方案明显是不完美的。首先，无法摆脱对第三方的依赖，假如第三方做不到绝对公平，那么交易的双方风险和成本就会增大；其次，双方交易往往要第三方配合，有公信力的第三方是稀缺资源，所以如果第三方供给不足的话，很容易为交易双方带来额外的时间成本和服务成本；最后，在交易总量不高的时候依赖第三方还可以，一旦经济发展交易的总量飙升，那第三方的信任系统就会产生新的瓶颈性难题。

基于此，人们发现区块链可以作为新信用解决方案来进行尝试，依靠信息技术，通过与不同的应用协同记账的方式，来证明交易中的有关信息和交易行为本身，通过组合使用对称密码、非对称密码、电子签名、水印等技术和记录成链等设计，实现数据在技术上的不可更改、不可篡改，成为覆盖在原有信息基础设施之上的、专门解决交易信用问题的新一层信息基础设施。有了这样的基础设施，交易成本将进一步降低，交易效率将进一步提升，原来不能发生交易的将可以发生交易，所以经济的活力，经济总量必将迎来新的喷发和飙升。正因为如此，区块链才越来越被重视，才得到了人们的追捧。

在《区块链＋未来应用》一书中，作者对区块链的相关知识点进行了梳理和解读，展望了区块链在众多经济领域的发展和赋能，这本书既可以作为区块链小白的入门来读，也可以为那些想深入理解区块链的人提供一些思维和实操上的导航。本书基本集合了区块链领域所有可预见的应用前景，对于想了解区块链的人很有帮助。区块链、人工智能、大数据、物联网、5G 技术等作者在书中都有提及，而且这些技术的出现加上区块链的信息手段，未来的社会变成一个新数字经济社会指日可待，我们每个人都应该积极去拥抱这个快速发展的社会，做站在浪潮之上的人，而不是被拍死在沙滩上。

当然，区块链不是万能的，但不懂区块链技术和知识却是落伍的。

北京大学金融与产业发展研究中心主任，博士生导师　冯科

2021 年 4 月

前 言

从传统社会进入互联网时代，我们实现了信息的互联；随着移动互联网的发展，又实现了人与人的互联；目前，5G技术和物联网技术发展，我们又将实现万物互联。在实现了信息、人与物的互联之后，我们最迫切的需要又是什么呢？不可否认，是价值的互联。能够实现价值互联的基础是信任，通过一些有效的措施或技术为价值互联建立低成本的运行通道，将是未来的刚需。而区块链刚好提供了能够满足条件的解决方案，它可以为数据和交易提供安全、不可篡改的存储和记录方式，在机制层面解决信任问题，从而在未来的各大应用中实现技术支持与赋能。

区块链作为一项新兴技术已经成为整个社会发展的重要趋势之一，引起国内外各行各业的关注，入局者众。以“信任”为关键词的区块链技术，建立在信息数字化共享的基础上，能够实现多个主体之间的协作与行动一致。所以，区块链技术不仅是未来互联网必须依托的技术，更是下一代各行各业合作机制和组织形式，有望成为未来各类组织和机构新的应用模式。

由于区块链技术的发展，国家和地方政府相继出台了多项纲领性文件，鼓励各行各业研究区块链，开展其试点应用，支持其创新融合与前沿布局。国家对于区块链项目的政策扶持，无论是实体经济还是解决民生痛点的区块链应用正在广泛布局。

目前，区块链在金融业、物流业、医疗保健业、教育、民生、新零售、政务等领域都有涉及，正加速与各行各业的创新性融合，为各产业的新一轮发展赋予新动能。

未来区块链将应用于任何领域，给人类生活带来极大影响。区块链未来应用大致可分为：智能合约、身份验证、存在性证明、物联网、预测市场、资产交易、社交通信、电子商务、文件存储、数据应用程序编程接口等，最终实现从“信息互联网”到“万物互联网”再到“价值互联网”的转变与递进。

区块链未来可期，我们是否做好准备是关键。未来数字化的信息都可以加入区块链，我们必须加大基础研究，提升原始创新能力，走在区块链发展的前列，才能占据创新制高点，取得产业发展新优势。

本书从区块链的内涵，区块链的核心理论等入手，解读数字经济和区块链带来的价值，然后以实例来说明区块链在不同行业的应用和成就，从而预测区块链在未来经济社会的变革作用和应用前景。

区块链已经渗透到了生活的各个领域，在这个思想大碰撞的时代，在这个新科技不断涌现的时代，只有不断思考，紧跟时代潮流，企业才能发展。

江青山

2021 年 3 月

目　录

上篇　区块链的前世今生

上篇
区块链的前世今生

第一章　区块链的内涵是什么

区块链是底层应用技术

说起区块链，最初人们并不熟悉，只是听过比特币，区块链作为比特币的技术支持被人们熟悉并研究。区块链记录从后向前有序链接起来，具备公开透明、无法篡改、方便追溯的特点。实际上，这种特性也直接体现了比特币的特点，因此，使用区块链来概括加密货币背后的技术实现是非常直观和恰当的。

区块链是一项技术，加密货币是其开发实现的一类产品。二者有联系也有区别，区块链相较代币而言，更加形象化、技术化，更像一门技术。

所以，就广义而言，区块链属于底层应用技术更贴切，包括网络设计、加密技术应用、分布式算法实现、数据存储技术等。就狭义而言，区块链是指区块链在具体产品中应用的时候，比如数据的存储方式、数据库的设计或文件形式的设计等。

官方对于区块链的解释是：一种集合了分布式数据存储、点对点传输、共识机制、加密算法等计算机技术的新型应用模式。

以支付宝为例。如果没有支付宝这个技术手段，陌生人之间是不可能产生信任从而实现金钱交易的。卖方不敢贸然发货，害怕发完货收不到钱；买方不敢贸然付款，害怕为骗子做了贡献。双方互不信任，促使支付宝应用技术诞生，完成了一手托两家的交易第三方。银行系统亦是如此，它不仅充当了信用中介，而且有国家和政府背书。传统的交易活动，为确保双方交易安全，都需要第三方充当“中介”的角色参与进来，使其稳定。区块链技术，更像一个机器人，它可以用一套数学算法，确保交易双方，虽然陌生，但却足够信任，促使一笔交易妥善地完成。这是区块链最核心、最本质的东西，因为这样的技术手段实现了人与人之间的信任。因为数据不说谎，也不会被人为篡改。

首先，区块链是分布式网络技术之上的一个应用，相对于中央控制式网络而言，分布式网络技术没有中心，从而不会因为中心被破坏而整体崩溃。分布式网络中任意一点均至少与两条线路相连，当一条线路发生故障时，通信可转经其他线路完成，可靠性很高。对区块链来说，最主要的作用则是解决点对点通信问题。

其次，在上述技术基础上，如果给分布式网络加上密码学体系，就变成了一个加密的分布式账本，可以详尽地记录更多与用户有关的数据。更重要的是，现有银行账户体系需要很多人力、财力来维护，即使这样，也无法确保被黑客或坏人破坏、侵入。但区块链是基于数学算法运行的，坏人不可能在上面作恶。

再次，公有区块链的发币机制产生了激励效应，可以鼓励区块链上的参与者竞争记账，从而确保数据的安全性。因为区块链上记录的都是一段代码。记账的过程，就是写代码的过程。如果只有一个人来写代码，那么很容易会被控制或篡改，但所有参与者都来写代码，而且人越来越多，就不是个别人所能控制或篡改的了。另外，比特币是程序，可以被赋予智能合约，这又从根本上加强了区块链的技术安全性。

最后，区块链作为底层的应用技术呈现不断发展的趋势。区块链从1.0进化到3.0，不断突破自我，给更多的应用领域带来帮助和赋能。

区块链1.0也称比特币区块链。主要支撑虚拟货币的应用，包括转账、汇款以及数字化支付、加密货币。比特币就是区块链1.0的代表，也是最成功的数字货币。区块链体系由大家共同维护，无须专门消耗人力物力，去中心化结构使成本大幅降低，同时，数据的公开使得在其中做假账几乎不可能。区块链以数学算法为背书，其规则是建立在一个公开透明的数学算法之上，能够让不同政治文化背景的人群获得共识，实现跨区域互信。区块链系统中任一节点的损坏或者失去都不会影响整个系统的运作，具有极好的健壮性。

区块链2.0是以“以太坊”为根本的区块链，也称为智能合约开发和应用的时代。智能合约是以太坊创新性地提概念，同时是以太坊最受社会关注的区块链应用之一。所谓智能合约，实际上是代码和数据的集合，它存在于以太坊的合约地址上，合约会在代码的主导下按照合约内容自发执行。借助智能合约，有效解决了互联网时代信任中介需求的问题。从理论上看，无论多么复杂的交易活动都能通过以太坊利用编码自发地、可靠地开展。除了目前应用最广泛的金融领域之外，只要是对信任、安全和持久性有较高要求的场景应用，都可以借助以太坊实现。例如，资产注册、投票、管理和物联网等领域中的应用。如果说比特币是区块链1.0的起点，它的出现象征着一种全新的金融货币体系的诞生，那么，以太坊就是区块链 2.0 的核心代表，它的发展代表了信任基石的建立以及价值的传递。

区块链 3.0 也被称为智能化应用。主要应用在社会治理领域，包括身份认证、公证、仲裁、审计、域名、物流、医疗、邮件、签证、投票等领域，应用范围扩大到了整个社会，区块链技术有可能成为“万物互联”的一种最底层的协议，可以满足复杂的商业应用，包括司法、行政、健康、物流、电商等各个领域。据此实现信息的自证明，不再依靠某个第三人或机构获得信任或建立信用，实现信息的共享，通过解决信任的问题提高整个系统的运作效率。区块链 3.0 时代超出金融领域，为各行各业提供去中心化解决方案。区块链的应用领域扩展到除金融行业之外，覆盖人类社会生活的方方面面。

区块链基于互联网，它已走过了最艰难的十年历程，诸如工作量证明、哈希算法、椭圆算法和数字签名等技术，已经为人所熟知，为比特币、以太坊等公链所验证。越来越多的极客，站在已有底层技术基础上，不断挖掘区块链的深度和宽度，反过来不断加持区块链底层技术，比如权益证明方式（PoS）、DPoS、DAG 等，再如隔离认证、闪电网络等。不止一位链客预测，未来将出现高性能的区块链操作系统，足以承载千万级的产品应用，甚至承载人类全方位的价值流通。

区块链在许多方面都具有巨大的潜力空间。区块链是一项颠覆性的技术，不只在于这项技术自身，还在于和其他技术和领域的结合使用会产生更大的作用。区块链是价值互联网的柱石，“互联网 +”的使用领域汇集在网络账号下的交易与结算、数字财物上链和保值增值和数字财物共享与可信协作。

区块链是管理和经济

简单地说，“管理”是每个用户或参与者都统一遵循的架构。我们置身的所有环境都处于某种形式的管理之下。管理的核心目的是利用现有资源尽可能有效地满足用户或参与者的需要，并实现架构的长期可持续性。它适用于任何类型的群体，无论是现实世界还是数字世界。因此，对于任何类型的机构、组织或服务，特别是在它发展壮大之后，管理越来越不可或缺。

在目前的企业管理模式中，无论哪种关系，或多或少都存在数据上的安全问题，比如一些人为因素造成的数据被改变、删除，这不但不利于管理，还会造成一定的损失和漏洞。同时，由于原始的真实数据被改变，不容易实施监管责任，使得管理出现混乱。中本聪向全世界展示了一个基于区块链的激励模型，并让我们看到了它的强大力量。它展示了区块链作为网络可以联结每一个人，如果构建良好的话，可以一直存在下去。

真正厉害的管理者，一定是流程制定高手，把任务分解成无数块，一块接一块地去完成，每一步都是上一步的延续，每一步又是下一步的积累，一步接一步，完成接龙，最后实现目标。比特币区块链就是精细化管理的经典代表。每一个区块都要检查上一个区块是否正确地完成了记账，只有确认上一个区块是没有问题的，才会继续记录下去，另一方面，每一个区块都要检查来接头的区块是否合法，如果是合法的，才会把代表记账权的笔头交给下一个区块，从而一个区块接一个区块地完成任务。它的每个步骤都通过了全网的检验，不可能出错，这就是精细化，流程化运作的结果。

一方面，区块链通过分散式记账的方式实现去中心化的重要功能，在记账的过程中，对贡献记账的人以 Token 奖励，以此鼓励大家参与节点记账。其实在当今的企业管理中，这种思维也非常实用。在工作的每个环节做节点记录和节点管理，管理者对节点记录的内容进行评估和反馈，反馈的方式可分为精神化和物质化两种，即给予节点工作者工作指导，表彰或金钱激励等。

这样做的好处就是，所有工作的环节都能留痕，为发现问题和解决问题提供便利。同时，所有节点工作公开化、透明化。对节点工作者又是非常好的工作监督。从人力资源管理的角度来说，如何采用科学的方式对当代从业者和所在行业人员的人力资源管理，通过区块链节点管理思维更是非常实用。例如，工作留痕，使绩效管理工作简单化、效率化；节点激励，结合薪酬绩效激励方法，使激励工作更具趣味性和实用性；招聘工作等。

另一方面，区块链还可以用于项目管理模式中。项目管理中，每个企业都在一定程度上存在数据安全、不可靠的问题，例如，信息在输入过程中和输入后都可被人为操作，而其他人无法得知。区块链数据存储模型的可靠性是解决上述问题的关键，如果项目采用区块链企业管理模型，能够充分利用区块链开放式联合和可靠的（不能更改）交易记录，确保项目数据的高度可靠性。

第三方面，区块链中的智能合约，是一种用计算机语言取代法律语言去记录条款的合约，其能够由计算机系统执行。智能合约不同于我们传统的合约管理，直接把纸质版的合约导入计算机里面存档或者记录，与计算机系统的代码或者智能执行没有关系，也并不是真正的智能化。一个企业管理系统可以利用业务规则的对称性和现代计算机的速度，实时地提供业务项目、合同、项目和订单执行的多层级的，可逐层钻取追踪前因后果的信息视图。甚至对于分布式的信息（如公开请求、公开招标、公开项目和智能合同等）采用分布式数据库储存，对于集中的信息（如组织架构、工资等）采用中央数据库储存，在实现真正的数据共享的同时，保障数据的安全性。

所以，以上这些显示，区块链能够实现真正的管理，或者说区块链就是管理。

区块链除了具有管理功能，还能更好地为经济服务。

区块链技术最需要与实体经济产业结合，通过减少交易的中间环节、中介环节，减少交易对账、记录等辅助性工作，为实体经济降低成本，才能充分实现区块链的价值。解决信任是区块链的本质，去中心化是区块链的结果。在区块链上所有经济活动，不再需要像“公司”这种组织和制度，来帮助我们完成各种交易。另外，区块链为中心机构服务时，不需要由中心机构来建立激励机制，会真正实现共享经济。

互联网时代，诞生了“互联网经济学”“网络经济学”“虚拟经济学”等词汇。区块链出现以后，又产生了一个新的词汇叫作“加密经济学”。

互联网的出现给传统的经济学规则造成了冲击和重构。比如“网络效应”，是说建立一个通信网络后，只有越来越多的用户加入其中使用它，该网络才能越来越凸显其价值。

在数字经济中，网络效应首先解决了“公地悲剧”的经济学难题。“公地悲剧”是指一块共用的地方，当所有人都使用它时，它就变得毫无价值。而网络效应产生了“公地喜剧”，意思是网络的用户数量越多，该网络就越值钱。网络值钱，其价值是由使用、参与其中的用户创造出来的，按理说创造了价值的用户应该得到一定的价值补偿（回报），这一点在区块链得到了体现。

这又引出了另一个经济学的课题，这个网络依据网络效应所带来的价值是谁创造的？是拥有这个网络的公司创造的，还是带着手机加入这个网络的用户创造的？网络效应大部分的价值是用户自己创造的，与这个公司关系不大。既然这个价值是用户自己创造的，那么为什么不把用户创造的价值还给他们？作为用户，加入这个网络使其有价值了，是不是应该把某部分的价值还给用户？区块链就是干这个的。

区块链通证立足于经济、为经济服务。如何让普通用户有更方便的使用体验，如何与企业的传统系统对接，激发各行各业甚至整个社会无穷无尽的创新与颠覆？这才是通证经济时代最大的变革，也是区块链未来更重要的经济方向。

区块链赋能金融达成共识

金融作为经济发展的重要支柱，对中心化有着最高程度的依赖，因为在区块链产生之前，没有哪个技术或手段可以解决金融信息中的信用机制问题。由于大量中心化和信息中介参与，无形中增加了金融机构的成本，并且降低了系统运转效率。区块链的信用机制和可篡改性正好能够赋能金融领域，使其在股权、债券、标据、电子账户等多个领域被整合进区块链账本中，成为链上的数字资产，使其在金融领域的应用前景广阔。

金融领域的发展从传统金融到互联网金融，如线上支付、线上资金筹集、线上理财等大部分金融服务或产品都依托互联网，不但突破了地域和时间的限制，也增加了快捷性，但是风险性也相对增多了。而区块链技术对相应风险具有防范、控制和降低三重效果。

第一，引入区块链技术后，交易确认即完成清算和结算，由此可大大降低交易对手风险。

第二，区块链将交易过程数字化，并进行完整记录，从而能够有效控制欺诈、手工输入错误等操作风险。

第三，区块链的分布式网络和共识机制，能够减少金融企业受黑客攻击等系统风险。

第四，以区块链征信系统为基础，通过对征信系统的个人或企业进行详细的区分，可将其划分为优质类客户、风险类客户与中间类客户。对优质类客户，互联网金融企业可全力为其提供金融服务，保证收益。对风险类客户，为了减少损失可选择不与之合作，区块链在区分优质客户和劣质用户方面可以起到数据参考的作用。因为区块链能够真实地记录客户的消费习惯，借贷次数和信誉是否良好，从而有效评估该客户是优质客户还是劣质客户。这样不但起到很好的筛查作用，也能在很大程度上减少互联网金融交易的欺骗行为。

最后，区块链分布式系统透明、公开、不可篡改，既可降低结算与支付的出错率，又可实时监控每一笔资金的流入流出情况，有利于金融监管，降低金融风险。

这并不是说除了互联网金融，区块链技术就不能应用于其他金融领域。事实上，区块链技术同样可以应用于实体金融，除了防范、控制和降低风险，还能有效降低成本和提高效率。

除了为金融赋能，区块链技术在我们日常生活的各个领域也是一个达成共识的过程。无论做什么，达成共识就意味着效率。

区块链能在众多不稳定节点中达到某一平衡状态，没有一个可靠的共识机制是难以想象的，从技术角度来看，密码学和共识算法是区块链项目的两大技术基础。

在分布式系统中，互不信任的节点一起工作，根据某种规则达成信任关系并保障系统整体一致性和持续性，这种规则可以抽象为共识过程。具体到区块链，共识机制是区块链节点就区块信息达成全网一致共识的机制，即就如何选择记账人达成共识。区块链目前涉及三类共识，如表1-1所示。

表1-1　区块链三类共识

分类	具体表现
算法共识	属于分布式计算领域中的问题，目标是在存在各种差错、恶意攻击、可能不同步的对等式网络(Peer-to-Peer Network)中，并且在没有中央协调的情况下，确保分布式账本在不同网络节点上的备份的文本是一致的
决策共识	在群体决策中，群体成员发展并同意某一个对群体最有利的决策。决策共识常见于政治活动和公司治理中。比特币社区关于“扩容”、分叉的讨论可以在决策共识的框架下理解
市场共识	体现在市场交易形成的均衡价格中。区块链内资产参与交易时就涉及市场共识

在区块链系统中，没有一个像银行一样的中心化记账机构，保证每一笔交易在所有记账节点上的一致性，即让全网达成共识至关重要。共识机制解决的就是这个问题。

区块链保障数字货币不是炒币

从广义上讲，数字货币泛指一切以电子形式存在的货币。狭义的数字货币一般特指以非对称密码技术为基础的“密码货币”。按照数字货币的发行者不同，可以分为私人发行、私人数字货币和中央银行发行并进行监管的法定数字货币（央行数字货币）。数字货币从诞生发展至今，融入了多项技术，区块链技术的应用保障了数字货币的流通便利性，同时也让数字货币交易过程更加安全。数字货币没有实体，它是基于区块链进行交易的。数字货币去中心化，具有储藏价值、支付手段、流动手段等职能。数字货币交易时不依赖任何机构，其在区块链上交易并被记录，实现公开透明化，且交易内容无法被篡改，可溯源、数字货币交易是无国界的，可以在全球范围内流动，不是虚拟的，现在有些国家和地区已经开始使用数字货币购买实物商品了。

因为区块链技术保障了数字货币的流通和使用，很多人谈到区块链时会认为无非是“炒币”。事实上，区块链的确是因为炒币而为人们所熟知的，但区块链绝不是炒币。从 2018 年开始，各种数字货币层出不穷，区块链也火得一发而不可收，使得不少人，只要一提炒币，首先和区块链联系在一起；只要一听有企业做区块链，马上就问是不是要发币。仿佛区块链就等同于数字货币，研究区块链就是为了炒币一样。

区块链是比特币的底层技术，但这并不表示区块链只能用来发币，就像水里养出了鱼，但不能说鱼就是水，水里还可以养龙虾、海参是一个道理。

区块链基于互联网，互联网以 2000 年为发展分界点。此前属于互联网底层技术时代，那时会上网都是一件很牛的事。2000 年以后才是互联网的产品应用时代。现在如日中天的阿里当时刚创建一年。它在 2003 年推出了淘宝网，实现了大规模商业应用。

区块链也是这样，仅从 2008 年算起，它已经走过了整整十年。诸如工作量证明、哈希算法、椭圆算法和数字签名等相关技术，早已为人们所熟知，也早已为比特币、以太坊等世界级公链所验证。但一直以来，区块链技术似乎除了能发币，对于它的其他用途人们一概不知。既然它只能发币，也难怪人们只能去炒币。随着区块链的发展，区块链不能只是“炒币”的代名词，技术本身的研发最重要。

2017年9月，摩根大通发布了全球首个以区块链为基础的交易系统，用于衍生品清算和结算业务以及跨境支付，这带动了一系列区块链技术落地应用与更加广泛的孵化。行业内普遍预测，未来将出现高性能的区块链操作系统，足以承载千万级的产品应用，甚至承载人类全方位的价值流通，而不仅仅是提起区块链人们就想到“炒币”这么狭隘。

数字货币依托区块链实现更多可能，所以，更应该将区块链理解为一种设计思想。因为从技术角度看，区块链领域所使用的技术，很多都是已经存在的。区块链真正不同的价值，在于通过“设计思想”，将不同的已经存在的技术进行整合，通过“公开透明的账本”，来解决各种“数据安全”“价值传输”“信任机器”等问题，帮助人们更好地改进生活。

区块链通过一种“思想的设计”，来降低社会交易的成本，提高社会运行的效率。当然，每一个人对新生事物的发展，都会有不同的理解。但可以肯定的是：区块链作为一项技术，其作用远非发行各种数字货币，更不能将其简单地理解为“炒币”。

区块链去中心不是没有中心

区块链的概念和定义让人们知道“去中心化”是区块链最大的特征之一。那么，大部分人就会认为，去中心化就是完全没有中心。事实上，这是对区块链的一种误读。

区块链是一种去中心化的记账方法，但是未来的道路还很漫长。区块链能够解决现在的某些痛点，尤其是针对匿名信任和去中心化方面，而现在太多的资源已经中心化，各中心之间还没有达成共识。

征信是区块链很好的切入点，但是目前征信数据都在中心化机构里，各机构之间存在利益冲突，比如微信和支付宝，很难共享征信数据，这是各自公司的核心资产。而太多的数据中心化，区块链发展则比较难。为什么现在数字货币流行，就是因为在记账方式上达成了共识，这个共识是一种记账方法，如果没有区块链，那么由谁来记账呢？

区块链是去中心化技术，而去中心化技术与现在的中心化组织之间是一种矛盾关系，是个悖论，现在各大公司推出的区块链应用其实并没有解决中心化问题。解决中心化的方法也并不一定是将现有数据完全共享，完全去中心化，而是从现有的数据开始，原来的中心机构自发形成一个数据网络。

举个例子：

A 是卖家，B 是买家，通过智能合约两者达成了交易关系，B 的钱自动转入 A 的钱包。但 B 用了一段时间发现买的是假货，但 A 拒不承认，那么 B 只能进行鉴定申请。通过智能合约，C 对商品进行鉴定。这就需要保证 A 和 C 不存在联系，通过社交网络去验证，而且这个社交网络与 Facebook 不一样。另外，假如 B 买的是隐私物品，B 肯定不愿意让陌生人知道他的隐私……当然后面还有一连串问题，而这些问题的核心就是：怎么证明。即使不考虑这些，单单物流就是一个问题。怎么保证运输过程中商品不会被调包？

所以，区块链的去中心化信用体系是重要的支撑标准，但也造成了很多麻烦，比如选择一个机构去证明你的信用，你需要提供你的各种记录，甚至包括隐私信息，但你无法保证你的隐私信息不会被泄露出去。所以，极客和程序员们要创造一个不需要信用体系的世界，也就是没有中心化的世界。它基于密码学，只要双方达成一致，交易就能实现。

区块链技术去中心化不是不要中心，其实质是人人都是中心。在去中心化系统中，任何人都是一个节点，任何人也都可以成为一个中心。任何中心都不是永久的，而是阶段性的，任何中心对节点都不具有强制性。现在已经有越来越多的公司开始思考中心化带来的问题，去中心化或许就是答案。再简单点说，无非是“民主”二字。

区块链的去中心化特征是相对于目前互联网架构中的“服务器—客户端”模型，即我们平时在网络上的任何一个操作，背后都有一个服务器在支持，而所有用户只是被动地使用服务器所提供的功能。我们只能接受服务器管理方定义的服务与数据。事实上，很多时候服务方修改了关键数据我们无从知晓。我们称这种网络架构是中心化的。

区块链的底层网络是一种被称为 P2P 的端到端技术，这一技术类似于之前的 BT 下载，在这一网络中，没有中心化服务器。每个节点都以挖矿的方式平等地维护着同一个区块链，只要不超过 50% 的节点造假都不会影响系统的正常运行，而这一网络中有成千上万的节点，并且分布于世界各地，因此，没有哪个人能“控制”整个系统。基于这一特性，我们称区块链这种民主化的治理机制是去中心化的。

中心化的社会架构让我们反感，我们总是不停地声讨中心化带给我们的危害。但是试想一下，在一个完全去中心化的计算环境下，所有数据都大白于天下，所有规则都无法修改，那么可能现行的很多机制都将停摆，社会也将趋于停滞，这应该是不可接受的。过犹不及，也许我们真正需要的不是绝对的中心化与绝对的去中心化，而正是经过权衡之后的弱中心化。

在未来，进一步去中心化的世界更加值得期待。按照一些链客的想象，届时科技将进一步发达，尤其是伴随着机器人的广泛应用，每个人都可以依靠自己的机器人养活自己，每个人都可以通过强大的去中心化系统保持与这个世界的对接与交互，同时，没有任何人或组织能够把他们的意志强加给我们。而这一过程，显然离不开高度的中心化与组织化。

第二章 区块链核心理论

分布式账本：实现共享可靠数据库

分布式账本是一种在网络成员之间共享、复制和同步的数据库。分布式账本记录了网络参与者之间的交易，比如资产或数据的交换。网络中的参与者根据共识原则来制约和协商对账本中的记录的更新。没有第三方机构的参与。分布式账本中的每条记录都有一个时间戳和唯一的密码签名，这使得账本成为网络中所有交易的可审计历史记录。

分布式账本最突出的特征是其不由任何单个机构或个人维护，而是由网络中的每个节点单独构建和记录。分布式账本的运行依赖于与区块链的共识机制——节点对系统的更新进行投票，以确保大多数人都同意所达成的结论，共识由共识算法自动执行。达成共识后，分布式账本将自动更新，而所有人商定后的结果将分别保存在每个节点上。

通俗地讲，时间戳证明了区块链上什么时间发生了什么事情，且任何人无法篡改。区块链通过时间戳保证每个区块依次顺序相连。时间戳使区块链上每一笔数据都具有时间标记。时间戳在区块链中扮演公证人的角色，而且比传统的公证制度更为可信，因为区块链上记录的信息无法被任何人以任何方式修改。

举个简单的例子，几千年前人们对交易的理解是以物易物，进入文明时代后是等价交易，我们深信交易就是等价交易，从未怀疑这其中有什么不对。但等价交易是不够的，交易过程 A 付 3 元给 B，与 B 再付 3 元给 A，这两个过程在支付宝、银联等在线支付看来是等效的，且边际成本为零，也就是说，如果我有两个交易账户，可以在两个账户间无限转账。但区块链的分布式记账则不一样，交易存在时间戳，我们终于可以区分 A 付 3 元给 B，与 B 再付 3 元给 A 这两种行为的不同。可以杜绝造假币的问题。

中本聪进行了伟大创新——给每笔交易“盖时间戳”。每 10 分钟一个区块，把 10 分钟的全网交易都正确地盖上时间戳。那么，由谁来盖呢？中本聪认为市场上的人都很贪婪。于是，他就让自称“矿工”的人去竞争这 10 分钟一个区块的记账权。竞争的规则是：正确记账，解决 SHA256 难题，只要证明自己的计算机算力最快，就能竞争到这 10 分钟区块的合法记账权，并得到 25 个比特币的奖励。

这就是俗称的“挖矿”过程，其实也是一个建立全网总账的过程，从这个意义上来说，矿工更本质的职能是“记账员”！

中本聪在其比特币白皮书中，比较详尽地叙述了这个信用系统建立的过程：

第一步：每一笔交易都是为了让全网承认有效，必须广播给每个节点；

第二步：每个矿工节点要正确无误地给这每笔 10 分钟的交易盖上时

间戳，并且记入该区块；

第三步：每个矿工节点都要通过解 SHA256 难题，来竞争这个 10 分钟区块的合法记账权，并争取得到 25 个比特币的奖励（前四年是每 10 分钟 50 个比特币，每四年递减一半）；

第四步：如果一个矿工节点解开了这 10 分钟的 SHA256 难题，就要向全网公布自己这 10 分钟区块记录的所有盖时间戳交易，并由全网其他矿工节点核对；

第五步：全网其他矿工节点核对该区块记账的正确性，若正确无误，就会竞争下一区块，继而形成一个合法记账的区块单链，也就是比特币支付系统的总账——区块链。

通常，每笔交易都要经过 6 次区块确认，也就是 6 个 10 分钟记账，最终在区块链上被承认。所以，“比特币”就是这样一个账单系统：所有者用私钥进行电子签名并支付给下一个所有者，然后由全网的“矿工”盖时间戳记账，形成区块链。

区块链是分布式账本技术的一种形式，区块链分布在点对点的网络上并由其管理。由于它是一个分布式账本，因此可以在没有中央服务器管理的情况下运行，并且可以通过数据库复制和信任计算来维护其数据质量。但是，区块链的结构使它有别于其他类型的分布式账本。区块链上的数据被分组并以块的形式组织起来，这些块按照时间顺序依次连接形成一条链，并使用密码学技术对其进行安全保护。

区块链本质上是一个不断增长的记录列表，它的数据记录使用“仅可添加”的结构，即只允许将数据添加到链上，更改或删除已经录入的数据是不可能的。密码签名和将记录连成链是将区块链和分布式账本区分开的特点。

区块链的有趣之处在于它不仅仅是一个简单的数据结构。我们可以用区块链定义交易规则，甚至创建智能合约。区块链账户实际上是计算机程序，是一串代码，对这个账户可以进行编程，使得它智能化，可以和智能合约结合在一起做很多事情。唯一能够证明你持有加密资产的权属就是私钥。因此，区块链的分布式账本是搭载了很多区别于传统分布式账本的生态设施的。

区块链的分布式账本能够解决业务交易的所有内在问题，比如信任、透明性和责任性、防篡改性。

信任：通过使用区块链，参与交易的所有各方只需要信任该技术。

透明性：因为账本是分布式的，所以交易网络中涉及的所有对等方都能查看它（当然，受安全权利限制）。

责任性：因为交易中的所有各方都能查看分布式账本，所以每个参与者都认可交易进行过程中的进展和结果。

防篡改性：每一个区块上记录的交易是上一个区块形成之后、该区块被创建前发生的所有交易详情（价值交换活动），由此，保证了账本（区块链）的连续性和完整性。一旦新账页（区块）完成后被加入账本（区块链）的最后，则此账页（区块）的交易记录（数据记录）就不能被改变或删除，除非能够同时控制系统中超过 51% 的节点，否则单个节点上对数据库的修改是无效的，由此，保证了账本（区块链）的严谨性和防篡改性。

作为被认为是继蒸汽机、电力、信息、互联网之后，最具有潜力触发第五次革命浪潮的核心技术，区块链能够显著降低信任风险，驱动新型商业模式的诞生等，对现有的社会、生活各个方面都产生潜在的巨大影响，随着经济的发展，区块链将越来越大地发挥改变整个人类社会价值传递方式的作用，重建一个新的世界。

智能合约：交易可追溯防篡改

所谓“智能合约”，就是一个预先编辑好的“数字语言记录的条款”，一旦被触发时，“智能合约”就执行相应的条款或记录条款是否被执行。简单来说，“智能合约”是将具体条款以计算机语言而非法律语言记录的智能化合同。“智能合约”属于区块链技术的进化，但其概念要早于区块链，可以说区块链技术为“智能合约”提供了一个可能。

例如，你好心借了一笔钱给某人，还款日期临近，此人却不打算还了，这时理性的办法就是跟他打官司，但你必须有相应的合约，不然你无法证明你曾经借过钱给他，他完全可以抵赖到底。智能合约的本质，则是用一串计算机可读取的代码代替法官，当某个预先编好的条件被触发时，智能合约会自动执行相应的合同条款，无法反悔，绝不拖延。

智能合约在现实生活中已经普遍应用，最典型的例子就是售货机。只要我们放相应金额的钞票或硬币进去，系统就会触发让我们选择商品的选项，选完以后，售货机中的可乐或其他饮料就会掉下来。另一个例子是股票交易所，只要设定好触发机制，价格涨跌到某个价位就会自动成交。但是，它们显然还只是智能合约应用的初级阶段，因为它的智能存在巨大局限性，无论是参与的人还是参与的物。

智能合约是运行在计算机里面的，用于保证让参与方执行承诺的代码。一般情况下，普通合约上记录了甲方与乙方各方面的关系条款，并且是通过法律强制执行或保护的，而“智能合约”则是用密码或密钥来执行关系。以更加直接的角度来理解的话，即“智能合约”的程序内容将同一开始大家一起设定好的那样百分百执行，并且零差错。

例如，以太坊用户可以使用智能合约在特定日期向朋友发送 10 个以太币。在这种情况下，用户可以操作创建一个合约，然后将程序推入该合约中进行特殊计算，以便它能够执行所需的命令。而以太坊就是专门把精力集中在这件事上的一个平台。

以太坊以一种允许开发人员编写自己程序的语言取代了比特币那种带有不小限制性的编程语言。以太坊允许开发人员编写他们自己的“智能契约”，即“自主代理”还是“自治代理”，意味着它支持一组更广泛的计算指令。

智能合约，目前虽然处于初级发展阶段，但潜力无限，在未来，智能合约将会改变我们的生活，更大的一个期望是，可以解决信任问题。

未来的一天，智能合约可能取代银行、律师事务所、房屋销售代理商等。比如能够在很多场景解决问题：

场景一：“多签名”账户功能，只有在一定比例的人同意时才能使用资金。这种功能经常用于与众筹或募捐类似的活动中。

场景二：管理用户之间所签订的协议。例如，一方从另一方购买保险服务。

场景三：为其他合同提供实用程序。

场景四：存储有关应用程序的信息，如“域注册信息”或“会员信息记录”。

智能合约的承诺包括：合约可以被自动地、无须信任地和公正地执行在合约制定、履行和强制执行过程中取消中间人或许不再需要律师。我能够理解智能合约为何会被热炒。毕竟，如果我们不需要担心对方是否会按照约定履行合约，那么很多事情的效率会大大提高。

所以，我们大可畅想一下未来，哪些领域能够应用智能合约。比如：

（1）物联网。

物联网，是把各种实体通过嵌入软件、传感器，形成一个相互连接的网络。据估计，未来10年，物联网的设备数量将达到1000亿量级。而物联网的维护成本、安全问题，区块链的智能合约技术是有办法解决的。智能合约的去中心化特点，每个人都是一个中心，于是，有些指令可以只发送给特定的人群，而无须上传到网络中心。比如我们家里的热水器什么时候归谁用，指令仅需要传达给家人，显而易见，大大节约了信息流转的时间成本。信息安全上，基于区块链技术的智能合约也是难以被超越的，保证了我们在使用智能设备时，信息不被泄露。我们自己不说，别人就无法知道，比如我们一天开几次洗衣机、看几集电视剧等。

（2）银行业务。

智能合约能代替银行职员的重复性工作，把这些工作流程自动化，达到触发条件就会执行，我们普通用户不用担心上当，更重要的是，可以节约注意力。银行也节约了人力资本。

（3）不动产租赁。

整个租赁过程可以通过智能合约来执行，违约了，作恶了，智能合约都会执行处罚。比如，老王有一间200平方米的写字楼，恰好小王要做一个区块链内容平台项目，需要租赁，于是两人达成协议，建立租赁关系。他们都是币圈的人，可以利用区块链技术，构建一个智能合约来自动执行，一定是非常棒的体验，既省事，还不会伤和气。

（4）交易所。

设定智能合约执行的触发机制，达到某个价格就自动买卖，不管是股票交易所，还是数字货币交易所，都可以用智能合约来管理。

（5）管理遗嘱。

我们知道，为遗嘱引起的法律纠纷和道德风险非常普遍。如果我们开发出简单的用户交互界面，运行智能合约，就能解决设立遗嘱过程中的许多纠纷。当达到智能合约设定的触发时，即立嘱人死亡，就可以自动执行遗嘱。

（6）智能资产。

智能资产的核心是控制物体的所有权，比如，当你购买房屋的贷款还清后，智能合约就会自动将房屋的所有权转给你，但逾期不还款，智能合约也会收回你房屋的数字钥匙，你将无法再使用该房屋。

共识机制：给予信任背书

共识可简单理解为，不同群体所寻求的共同认识、价值、想法等，在某一方面达成的一致意见。共识机制就是确定达成某种共识和维护共识的方式。在区块链系统中没有像银行一样的中心化机构，所以在进行传输信息、价值转移时，共识机制解决并保证每一笔交易在所有记账节点上的一致性和正确性问题。区块链的这种新的共识机制使其在不依靠中心化组织的情况下，依然大规模高效协作完成运转，真正给予了一种信任背书。除了密码学技术外，共识机制也是区块链必要元素及核心部分，是保障区块链系统不断运行的关键。

如果说共识是区块链的基础，那共识机制就是区块链的灵魂。共识机制，就是指在一个时间段内对事物的前后顺序达成共识的一种算法。那么，它究竟有什么作用呢？共识机制就像一个国家的法律，维系着区块链世界的正常运转。

在区块链上，每个人都会有一份记录链上所有交易的账本，链上产生一笔新的交易时，每个人接收到这个信息的时间是不一样的，有些想要干坏事的人就有可能在这时发布一些错误信息，这时就需要一个人把所有人接收到的信息进行验证，最后公布最正确的信息。这就是共识机制要解决的问题。

共识机制是解决达成共识的依据，也是区块链的核心之一，使得去中心化体系能够公共维护同一账本。区块链的伟大之处就在于：在去中心化的思想上，共识机制解决了节点间互相信任的问题。区块链之所以能够在众多节点达到一种较为平衡的状态，就是因为共识机制。

去中心化的共识机制是如何实现的呢？在去中心化的结构体系中，各参与方的地位都是平等的，出现分歧时，如何达成共识也就成了重要问题。试想，如果你和同学、老师、校长之间的地位是平等的，在报名环节最有可能和同学、老师、校长共同商议具体细节。这种协商后统一达成的规则，就叫作共识机制。

共识机制主要遵循“少数服从多数”和“人人平等”两个哲学原则，通过一定规则，使系统中各个参与者快速就系统中记录的数据达成一致。其中，“少数服从多数”不仅局限于竞争节点数量，系统中的各个节点也可通过竞争计算能力、权益凭证数量或其他可竞争参数以取得其他节点的支持；“人人平等”意味着网络中记账节点的地位是平等的，所有节点都有机会优先获得提请写入数据的权利。

人们同意接受最长链上的区块。例如，如果链 A 的高度为 100，而链 B 的高度为 200，如果你收到链 A 上的区块 101 和链 B 上的区块 201，你必须接受区块 201。有人在更短的链上添加区块，可能是因为他们没有意识到更长的链，但“最长链规则”确保一旦区块在整个网络中传播，每个人最终就相同的事情达成共识。

区块链中的用户进行交易时无须考虑对方的信用、无须信任对方，也无须一个可信的中介机构或中央机构，只需依据区块链协议即可实现交易。这种不需要可信第三方中介就可以顺利交易的前提是区块链的共识机制，即在互不了解、信任的市场环境中，参与交易的各节点出于对自身利益的考虑，没有任何违规作弊的动机、行为，因此各节点会主动自觉遵守预先设定的规则，来判断每一笔交易的真实性和可靠性，并将检验通过的记录写入区块链中。各节点的利益各不相同，逻辑上将它们没有合谋欺骗作弊的动机产生，而当网络中有的节点拥有公共信誉时，这一点尤为明显。区块链技术运用基于数学原理的共识算法，在节点之间建立"信任"网络，利用技术手段从而实现一种创新式的信用网络。

区块链的自信任主要体现在分布于区块链中的用户无须信任交易的另一方，也无须信任一个中心化的机构，只需信任区块链协议下的软件系统即可实现交易。这种自信任来自区块链的共识机制（consensus），即在一个互不信任的市场中，要想使各节点达成一致的充分必要条件是每个节点出于对自身利益最大化的考虑，都会自发、诚实地遵守协议中预先设定的规则，判断每一笔记录的真实性，最终将判断为真的记录记入区块链中。换句话说，如果各节点具有各自独立的利益并互相竞争，则这些节点几乎不可能合谋欺骗你，而当节点在网络中拥有公共信誉时，这一点体现得尤为明显。

区块链技术正是运用一套基于共识的数学算法，在机器之间建立"信任"网络，从而通过技术背书而非中心化信用机构来进行全新的信用创造。

目前常见的共识机制有，工作量证明机制 PoW，权益证明机制 PoS，股份授权证明机制 DPoS，拜占庭容错机制 PBFT 和 Pool 验证池。

工作量证明机制 PoW，节点必须证明拥有最强的计算能力才能参与共识，它的规则是以谁的计算能力强就以谁为准，需要达到一定的计算能力后才能参与到共识机制中。通过评估你的工作量来决定你获得记账权的概率，工作量越大，就越有可能获得此次记账机会。如果某个节点捣乱将付出最大的计算能力的代价。

权益证明机制 PoS ，节点需要拥有一定量的权益后才能参与共识，它的规则是以谁的权益大以谁为准，需要先拥有一定量的权益后才能参与共识。通过评估你持有代币的数量和时长来决定你获得记账权的概率。这就类似于股票的分红制度，持有股权相对多的人能够获得更多的分红。如果某个节点捣乱，那么其自身的权益将受到最大的损失。

股份授权证明机制 DPoS 与 PoS 原理相似，只是有点像议会制度或人民代表大会制度。与 PoS 的主要区别在于节点选举若干代理人，由代理人验证和记账。如果代表不能履行他们的职责，比如轮到他们记账时，他们没能完成则会被除名，网络会选出新的节点来取代他们。

拜占庭容错机制 PBFT，以多数为主，在捣乱节点少于（n-1）/ 3 时就能达成共识。Pool 验证池，是基于传统的分布式一致性技术加上数据验证的机制，是目前行业链大范围在使用的共识机制。

密码学原理：加密、签名认证、哈希算法

密码学在区块链技术当中扮演着非常重要的角色，与此同时，它在

互联网中也有很大的应用，为其提供大量的帮助。随着互联网技术的广泛应用，用户的数量不断增加，问题也随之产生。隐私的加密需要双方共享一个秘密的随机数，我们将它称为密钥。但是，两个素未谋面的人，如何实现共享密钥是一致的呢？最为关键的是，这个密钥还不能被第三方监听到。对于上述问题的需求，密码学应运而生。这个密码学原理起到的作用有加密、认证和识别。

所谓加密，分为对称加密和非对称加密。对称加密算法利用加密密钥对原始数据进行加密处理，然后将加密后的密文发送给接收者，接收者利用同一密钥及相同算法的逆算法对密文进行解密，才能使其恢复成原始数据。在对称加密算法中，使用的密钥只有一个，发信方和收信方都使用这个密钥对数据进行加密和解密，这就要求解密方事先必须知道加密密钥。区块链技术中常用的对称加密算法是AES。

非对称加密算法需要两个密钥，公开密钥和私有密钥。公开密钥与私有密钥是一对，如果用公开密钥对数据进行加密，只有用对应的私有密钥才能解密；如果用私有密钥对数据进行加密，那么只有用对应的公开密钥才能解密。

非对称加密算法是相对于对称加密算法而言的。对称加密算法，在加密和解密时使用的是同一个密钥；而非对称加密算法，需要两个密钥来进行加密和解密，这两个密钥是公钥和私钥。

这里有个能够体现非对称加密算法的工作原理：

甲、乙两人使用非对称加密的方式完成了重要信息的安全传输：首先，乙生成一对密钥（公钥和私钥）并将公钥向其他方公开；其次，甲得到该公钥后，使用该密钥对机密信息进行加密，再发送给乙；最后，乙用自己保存的另一把专用密钥（私钥）对加密后的信息进行解密。由此，乙只能使用专用密钥（私钥）解密由对应的公钥加密后的信息；在传输过程中，即使攻击者截获了传输密文并得到了乙的公钥，也无法破解密文，因为只有乙的私钥才能解密密文。同样，如果乙要给甲回复加密信息，需要甲先给乙公布自己的公钥用于加密，甲自己保存的私钥用于解密。

所谓认证，就是区块链技术中使用的数字签名技术用于验证信息的完整性和真实性，一般流程：发送者将需要签名的原始数据进行 HASH 摘要，然后对摘要信息用私钥加密后与原始数据一起传送给接收者。接收者只有用发送者的公钥才能解密被加密的摘要信息，然后用同样 HASH 函数对收到的原文产生一个摘要信息，如果与解密的摘要信息对比相同则说明收到的信息是完整的，在传输过程中没有被修改，反之则说明信息被修改过，因此数字签名能够验证信息的完整性。此外，信息发送者拥有私钥且不公开，只有发送者本人才能构造基于其私钥的签名信息，可以确保签名的真实性。ECDSA 是区块链技术中常用的数字签名技术。

所谓哈希算法，也是区块链密码学原理中的一种加密算法。

例如，生活在世上的每个人，为了参与各种社会活动，都要设定一个识别自己的标志。名字或身份证虽然能证明你这个人，但这种代表性非常脆弱，因为重名的人很多，身份证还能伪造。最可靠的办法就是，将一个人的所有基因序列记录下来，但这样做并不实际，指纹看上去也不错，但代价太高。

对于在互联网世界中传送的文件来说，如何标志文件的身份同样重要。比如，下载一个文件，在文件下载过程中会经过很多网络服务器、路由器的中转，如何保证该文件就是我们需要的呢？既不可能一一进行检测，也不能利用文件名、文件大小等容易伪装的信息，这时就要使用类似于指纹的标志来检查文件的可靠性，这种指纹就是所谓的哈希算法。

哈希算法，又称杂凑算法、散列算法，是一种从任意文件中创造小数字“指纹”的方法，就是以较短的信息来保证文件唯一性，这种标志与文件的每个字节都有关系，且无法找到逆向规律。因此，一旦原有文件发生改变，其标志值也会发生改变，从而告诉文件使用者当前的文件已经不是你所需要的文件。

当然，作为一种指纹，哈希算法最重要的用途在于：给证书、文档、密码等高安全系数的内容添加加密保护。此用途主要得益于哈希算法的不可逆性，具体体现在：用户不仅无法根据一段通过散列算法得到的指纹来获得原有文件，也不可能简单地创造一个文件并让它的指纹与一段目标指纹相一致。

一个优秀的哈希算法，能够实现这些目标：一是正向快速。只要给定明文和哈希算法，就能在有限时间和有限资源内计算出哈希值。二是逆向困难。只要给定（若干）哈希值，在有限时间内很难（基本不可能）逆推出明文。三是输入敏感。原始输入信息只要修改一点内容，产生的哈希值就会有很大不同。四是冲突避免。对于任意两个不同的数据块，其哈希值相同的可能性极小；对于一个给定的数据块，找到与它的哈希值相同的数据块非常困难。可是，在不同的使用场景中，对某些特点会有所侧重。

可以说，密码学原理是区块链技术的基础，也是核心，如果没有加密技术和算法，区块链不可能发挥更强大的作用，应用于更广泛的领域。

第三章 区块链带来的价值

核心价值：推开“信任世界”的大门

为什么说“信任”是这个世界人人都需要的核心价值呢？因为随着互联网的不断发展与进步，人们在网上有了更多的自主权，随时随地发表自己的言论和行为，这就存在一个隐患，谁来约束这些网民的言论和行为？

比如，某直播平台因一款不粘锅质量与口碑严重不符，导致几十万用户议论纷纷，并且在网上各种转发曝光，致使网络主播被粉丝人身攻击的地位不保，甚至消费者对其推荐的其他产品也产生了质疑。

再如，有一个女士在公交车上没有给老人让座被拍了视频上传到网络，迅速引起传播，并且被所谓的“吃瓜群众”肆意辱骂，甚至个人信息被人肉搜索导致该女士不堪精神压力最终自杀。

这些案例在我们现实生活中随时随地发生，作为直播卖货的个人或商家，如果没有完善的审核机制，极易导致用户对产品丧失信任。作为个人用户，如果网络行为不受监管，也极易让一些成心作恶的人变成网络上的“隐性杀手”，所以，信任危机逐渐爆发。

而区块链技术的出现和发展，能够解决这些信任危机。因为区块链有一个 51% 算力攻击的问题，如果谁想发起这样的攻击，相当于和全网作对，所付出的成本更大。比如直播卖货，就算你推荐的商品质量不行，却没有接受任何形式的处罚，那么，直播者对商品的质量就不会严格把关，他们更需要商家所提供的直播费用。在区块链技术的应用场景中，用户与平台之间所构建的信任关系，被称为共识，所有参与者要付出一定的经济行为才能获得相应的回报。当区块链技术作为价值互联网的基础时，作恶成本与你所付出的经济行为是密切相关的，而不是在互联网时代，人人创业的门槛极低，根本不需要耗费太多的精力以及经济行为。

另外，区块链技术还提供了一种可追溯技术，任何人的网络行为都存于网络体系。区块链能够追溯到“键盘侠”对人身攻击的信息，并让其对自己的行为付出代价，从而使网络环境得到净化。通过“时间戳”来记录详细的时间和当事人所进行的网络行为，在这个可溯源的系统中，人们对自己的言论就会有所保留，而不会肆无忌惮地发表言论。让这些制造网络暴力的言行能够查询到，“键盘侠”就会担心自己随意发表的言论，被当事人追究。在区块链技术应用场景中，人人参与网络，却实现了网络行为可追溯功能。

所以，区块链就是一个可信任、不能篡改，不可抵赖的公共账本，透明度高，因此能实现多边共信。“区块”用来存储信息，“链”用来加密方式传递，任何人都可以记账，但想对账本中记录的某一信息进行修改几乎不可能。解决信任问题，因此成为区块链技术的核心竞争力，它的能量正在于，以技术保证建立了一套去中心化的、公开透明的信任系统，从而使数字世界和物理世界一样真实，这也是区块链给这个世界带来的核心价值。

蚂蚁金服蒋国飞说："为了解决信息不对称、交易不可信等问题，形成了像电商、社交、内容等信息互联网商业模式，使信息得以有效分享，区块链则直接构建起基于信息互联网上的价值网络，它能够对代表价值的资产进行可信的数字化连接，并记录它们在各方之间的流动、权益分配等完整过程，大幅简化资产在传统流转环节中各方协同的摩擦。"

正是因为区块链解决了"信任"这一关键性问题，使得区块链能够与各行各业进行创新性融合，为各产业的新一轮发展赋予了新的动能。

可从以下三个方面来看。

一是学术意义，在无信任的环境下，在整个网络中的任意节点建立共识机制，而无须担心数据被篡改。

二是应用意义，随着数据库从集中式纵向扩展，向分布式横向扩展发展，纵向扩展就是通过添加内存、存储和 CPU，增强单台机器的性能。这种纵向扩展会遇到吞吐量瓶颈等问题。分布式数据库通过横向扩展，提升了吞吐量和计算效率，也开启了大数据时代。

三是战略意义，基于创建信任的机器，促进价值的全球流动。如果说基于 TCP/IP 的第一代互联网实现了信息的全球流动，如 WWW 和 HTTP 协议。区块链就是把各个机构和个人，映射到虚拟世界，基于数学这种人类文明的最大公约数，汇集世界上不同人群、不同权利群体的共识，实现了价值，或者说资产的全球实时流动。

区块链技术存在的意义就是构建了不依赖第三方的、自运行的社会信任网络，推动整个社会开始价值互联。其标志不仅让今天的物质资产、金融资产、信息资产、人力资源等，可以更好地体现价值，还可以让今天无法简单计价和量化的社会关系、个人背景、时间精力、思想火花、进取心上进心等，逐步成为可以计价和量化的社会资产，全方位地推动社会生产力的发展，推动人类社会迈上新的台阶。

需求价值：区块链技术赋能现实应用

区块链技术是一项综合性技术，无论是数字签名或是时间戳，其最大的价值在于保证链上数据一旦被篡改或伪造，即刻会被发现。这不仅使得数据篡改或伪造更加困难，也确保了数据在物理上的安全，即使删除个别节点上的数据，但在其他节点上仍然保存有完整的数据。此外，区块链还运用了社会组织治理机制，即使个别节点被破坏，只要大部分节点仍然正常运行，就能够保证整个系统的正常运转。因为这一强大的技术功能，在不同的现实应用中实现了技术上的赋能。

比如我们在大型健身房或某场馆办消费卡，健身房是其中一方，消费者是另一方，双方属于服务行业下消费者的关系，其中难言存在强大的信任关系，同时也不存在双方都可以信任的第三方。办卡之后消费者每消费一次，健身机构就在他们的记录本上扣除消费者对应的次数或费用。而普通消费者即使有记录，万一遇到健身房存在多扣次数或时间的情况，也无法对记录不一致进行取证。而有了区块链技术的赋能就会变得完全不同。消费者和健身机构都对消费情况进行签名认证之后，将消费情况上传到区块链系统中。任何一方都难以对消费情况进行修改，区块链通过这一系列的技术手段保证了链上数据的安全可靠和真实可信。

区块链技术除了对服务业赋能之外，对现实中其他行业也产生了赋能。

对智能制造业而言，区块链“多中心化”的特点，有力支撑“制造业服务化”和“产业共享经济”的升级，特别是基于区块链智能产品实现的数字价值通证的产出、流通和激励，可以有效推动制造业创新创业企业迅速跨越鸿沟、实现指数增长，形成以智能硬件为基础的新商业生态。同时，也有利于进一步促进资源的共享，如算力、硬盘、带宽，并将个人数据量化、价值化、资产化。

对供应链金融来说，区块链打破了金融与实体经济的藩篱，有效促进融合共生发展。区块链能使金融信息不再成为孤岛，透明供应链有利于区块链赋能制造业供应链金融管理和生态建设。

对区业互联网来说，区块链技术与其产生深度的融合，可充分发挥区块链在促进数据共享、优化业务流程、降低运营成本、提升协同效率等方面的作用。通过区块链与大数据、物联网、人工智能相结合，可赋能工业大数据，构建可信工业互联网。通过区块链结合物联网设备，可从数据采集源头保证真实性，区块链的不可篡改性可以杜绝人为恶意修改数据，保证数据真实可溯源，区块链能够实现让链上数据对符合条件的数据需求方透明可见。

在产品溯源方面，区块链与物联网的融合，使产品溯源成为现实。区块链保存完整数据，使得不同参与者使用一致的数据来源，保证了信息的可追溯性，以此实现价值链信息透明、安全、共享，让用户放心消费，实现消费升级的愿景。

在司法案件处置方面，某公司利用区块链技术建立的“法证链”专注于做司法辅助工作，通过多元调解，批量智审，辅助执行等非诉的方式来提高司法体系的办案效率，实现不良纠纷的处置和解决。

通过对众多应用领域的赋能，区块链实现了价值的传递。

第一层是简单的价值传输，我们可以发送一个比特币给任何一个人。代币的全球性流通，使价值传输无比便利。

这个虽然看起来简单，但意义巨大。我们这么来看，微信、支付宝小额移动支付的便利激活了一个万亿级别的知识付费行业（方便地打赏和购买），这是支付便利带来的行业变革，而区块链带来的价值流动的便利性必然会对全球产生巨大影响。

第二层是智能合约。区块链的智能合约是条款以计算机语言而非法律语言记录的智能合同。智能合约让我们可以与真实世界的资产进行交互。当一个预先编好的条件被触发时，智能合约执行相应的合同条款。

过往所有的互联网公司基本上都是建立在信息互联网技术基础上的，而区块链技术实际上是价值互联网的核心。区块链技术宣告了互联网从传递信息的“信息互联网”向转移价值的“价值互联网”进化。

区块链行业最重要的工作是推动更多的企业将自己的数据上链，并推动客户基于数据采用更综合的解决方案。区块链具有巨大的潜力，根据 Allied Market Research 数据，仅在供应链行业，到 2025 年，分布式账本技术的市场规模将接近 100 亿美元，而 2017 年为 9300 万美元。世界经济论坛和贝恩公司联合发布的研究认为，区块链能够弥补新兴市场中小企业在全球贸易融资中 1 万亿美元的缺口。可见区块链有望成为 21 世纪经济引擎，释放全球供应链中的被隐藏了上百年的价值，并给提供相关服务的公司带来足够的利润空间。

共享价值：让创造者得到回报

互联网的发展正趋于高度集中化，网络、服务、数据都控制在少数互联网巨头手中，随着互联网+大数据时代的来临，人们已经意识到数据即是未来的金矿，但是数据的生产者却逐渐失去话语权，并未获得数据生产带来的红利。众多人都是互联网数据的提供者，但大部分人都无法得到回报。以音乐创作为例，××歌手或艺术家呕心沥血创作了一首音乐，平台拿走40%，版权中心拿走30%，××中间人拿走15%，最后轮到真正的音乐创作人只拿到少得可怜的收入回报，然后看着自己辛苦创作的作品被众口传唱，却再也没有人给他一分钱。这其中的问题就出在中间商太多，版权不能得到有效保护。不只音乐创作者，很多艺术家、研究学者等，也面临同样的状况。区块链的出现能够改变这样的现状，让创造者得到应有的回报变得并不遥远。因为区块链技术及智能合约具备的特性让创造者能够保护自己作品的版权成为可能。

首先，区块链具备去中心化，不可篡改和可追溯的技术，无须第三方参与的情况下建立起强大的信用，为内容生产者的作品赋予一个不可修改的基因密码，从而确保内容生产者终身得到它们的权利，而不是被挤出游戏。同时能够有效避免被盗版之痛。区块链在开放的分布式网络中，通过技术共识（PoW\PoS\DPoS...）的方式，解决了信用问题，在这个信任体系中，人人为证，人越多，信任度自然就越高，共识就更可靠，这使得任何规模的点对点的价值交换具备了基础，使得内容创作者能够直接与受众对话，省去中间商，实现真正的去中介化，作品产生的收益将完全归为产权所有者。时间戳也给予作品以验证，谁的作品就属于谁，这就解决了终身所有权的问题，后续该作品的每一次流转所产生的收益都将分给产权所有者。

其次，智能合约是区块链世界里的公证人，优质的作品会被记录，而劣质的、盗版抄袭的将被剔除。同时遇到盗版的作品处理起来也会因为有证据而好判断、好取证，发现违规的一方，合约就会自动执行，数字资产会自动进行划拨和强制执行，让内容创作者即时快速得到应有的回报。因为人人都能作品进行连上投票与认可，这样也会促进好作品的诞生。

获得过格莱美奖的唱作人 Imogen Heap 把音乐放进一个区块链生态系统，并称其为“菌丝”。这些音乐自带一份智能合约，保护了她的知识产权。想听她的歌，免费或只付几厘的数字货币。要是你想把歌放进你的电影里，那就另当别论了。这些产权都是被明确分类的，如果你想做成手机铃声，那又不一样了。Imogen Heap 说歌曲变成了一种商业，在这个平台上，它会自己推销自己，并且保护作者的权益。同时，因为这些歌自带支付系统，就像一个银行账户，所有钱都流回到艺术家手里。这样他们就能控制这个产业，而不是那些有权势的中介。

除了音乐类的创作者之外，剧作家、新闻记者、摄影师、科学家、建筑师等都是内容的创作者，这些人必须将他们的知识产权相关权利转让给大型的知识产权管理中心。这个过程中这些内容的创造者能获得的补偿越来越少。区块链技术为知识产权的创建者提供了一个新的平台，让他们能够得到其中的价值。可以考虑一种艺术品的数字记录系统，包含防伪证明、状态及所有者。

基于区块链的技术平台和智能合约的结合，可以让内容创作者和他们的协作者共同建造一个新型的生态系统。区块链上的智能合约可以降低复杂性，如果执行合约的是一个电脑程序、软件、数据库，这样会省下一半时间。这些数据会直接到达目标受众，无须花费一到两年时间才能将收入分享给艺术家、作家、表演家。这个过程是即时发生的，因为它是自动化的及经过验证的。

区块链技术的出现将构建点对点的价值传播网络，数据创造财富的权利将回归数据生产者手中，是基于区块链技术重构互联网世界的底层基础设施，将重构内容领域的利益分配。

作为创造者，他们通常都是被剥削的，而区块链和AI技术能够为他们打造一个非常公平的竞争的环境，让这些创造者也掌握主动权。未来以区块链技术为平台，能够回报这些创造者，首先就是信任，其次是要确保这些创造者所得到的回报满足于他们的预期，此外还要让创造者知道谁来使用他们的作品，或者谁来看他们的这些作品以及他们最终能够从中获得多少收益，从而让整个创造者社区真正拥有主动权，这是一个很好的商业模式，这也是区块链带来的共享价值。

跨界价值：实现多方协助的无缝对接

区块链技术在几年间就取得了飞跃进步，从最开始的一门感念转变为如今的现实应用，区块链将会给这个世界带来更多的可能性。

互联网的出现，实现了全球化的信息传递，让非常多的企业在互联网上实现了发展壮大的梦想，创造了前所未有的机遇和财富。但随着互联网经济不断走向垄断，巨头互联网公司独占鳌头，使得不少企业逐渐被边缘化甚至面临被淘汰的命运。如何实现长久共赢呢？

以区块链为代表的新一代信息技术，基于密码学原理而无须第三方信任中介参与，使人类第一次实现互联网上的价值传递。更重要的是，以 Token 为载体的激励机制，使得协作参与者更倾向于诚实行事而不是破坏契约。由此，区块链模式将为数字经济提供让多方协作实现共赢的可能性。

区块链的机制设置，通过区块链和通证，可以设计出一种共赢机制，把所有员工、用户、供应商、广告商等都绑在一条船上，极大地激发企业、链、基金会、社区的活力，这与传统的股份制相比是质的提升。比如区块链以 Token 为价值的激励机制很重要。分布在全球各地的矿工之所以愿意付出成本为比特币系统提供持续可靠的算力支持，就是因为成功争夺区块记账权和打包确认交易记录能从系统中自动获得相应的比特币奖励。这种奖励会极大地促进参与者的积极性。互联网企业流行这种文化：用户第一，员工第二，股东第三。实际上能这么坚持的企业家是很有限的，企业管理层的职责就是对股东负责。能在融资时把 10% 的股份拿出来分给早期用户的，也只有像 Reddit 等极少数企业。在区块链世界，你的用户是你的员工，也是你的所有者，无须排序，大家在同一条船上。只有有激励有动力，才能让一条船上的人合力前行，使劲划行。

在传统的股份制下，过于追求股东利益最大化，而弱化了员工、用户等其他利益相关方。因此，区块链模式要替代股份制成为未来主流，关键就在于 Token 机制对利益相关者关系的改造。

区块链在改造生产关系上有以下几个方面：

第一，降低了信用的门槛从而激发了生产力。以上市为例，如果不支付给第三方中介机构的话，公司规模小的基本上是不可能上市的。有了区块链情况就大大不同了，由于无须中介就可以实现各个节点的相互信任，任何信息交易都可以放到链上来公证，没人能篡改和赖账。由于信用门槛被大幅降低，从而大大激发了生产力。

第二，打破了公司和组织的边界。公司组织对于雇员需要管吃管住，培训等，成本很高，但不一定好管理。很多公司开始采取众包模式，既降低了雇佣成本，还能提高效率。如果采取区块链，更好消除不透明性，交易成本会更低，就更有利于打破企业边界。取而代之的，一部分是一个一个的自雇人士形成的小作坊，但还有很多是通过一种松散耦合的形式，来达成大规模社会协作。

第三，削弱了渠道价值。现在的商业世界依然是渠道为王，比如，做日用品的挣不到几个钱，都给商场超市打工了；开商场超市的也挣不到几个钱，都交房租了；原以为互联网可以一定程度地消灭渠道，结果互联网入口本身成为控制力更强的渠道；做电商的都把利润交给平台了；做游戏的流水大都给互联网渠道了。这样做的不公平之处在于产品和内容付出了很大的精力和成本，却无法获得更高的回报，长此以往，谁还会好好研究产品和内容？有了区块链，每个人都可以根据自己的喜好来对产品和内容进行评判和推广，如此就不需要渠道参与，自然也就减少了被盘剥的可能。生产者和用户第一次面对面，渠道商被排挤下去。

第四，实现共享而非分享。互联网上出现的拼团、拼单等事实上是分享经济而不是共享经济，是以降低个性化需求为代价买到所谓的“低价爆款”。区块链则不一样，每个人都可以把自己个性化的需求列出来，再付出一定量的 Token 让别人相信你，来一块组织生产。你可以理解为 C2B，C 来组织长尾的 B 的供给，但前提是 C 有足够的信用来证明自己，这就需要区块链。

第五，减少垄断。资本家追求垄断，是因为追求垄断行业后的利润。但在区块链模式下，每一条链，每一个生态，虽然会希望更多的人参与进来，但因为不追求利润，不必争个你死我活。所以很多链会去开放接口，会去做跨链，去做价值交换。这才是一种共赢的机制。

区块链模式第一次让人类有望设计出一种共赢策略，实现所有者、生产者和消费者等协作各方的利益统一。通过分布式账本与 Token 机制产生的机器信任，区块链使人类的多方协作机制又一次得到完善和进化，最终实现共赢。这正是区块链的本质和魅力所在。

第四章　区块链是一场革命

区块链的哲学内涵

综观我们的经济社会和发展，科学技术是第一生产力，决定生产关系的性质。但是目前的情况是：互联网的飞速发展，技术的反复迭代，个体在整体的贡献率日益增大，但是相适应的结构关系、所得分配并没有多大变化，即使是最先进的互联网公司，个体和组织依然是传统的雇主与被雇关系，所得分配依然不能反映贡献比率。生产力和生产关系不平衡已经随处可见，中心化组织和超强个体之间的关系不平衡已经是非常突出的矛盾，这也是诸多自媒体爆发的一个根本原因，技术的进步，让个体越来越像公司，而公司越来越没有吸引个体的魅力，简单来说，这种生产关系已经不适合目前生产力的发展，甚至束缚生产力，扼杀创新，所以变革迫在眉睫。

区块链的出现正是社会进步与变革的必需趋势和产物，也非常符合哲学的“合久必分”原则。任何一种不利于发展的事物存在不合理的时候，就会有一种合理的存在来替代和变革。物理学家张首晟分析过区块链的这种哲学理念。

分久必合，合久必分，这是一种规律，假如用这种规律来看万事万物，就成了一种哲学。从时间维度上，张首晟举了互联网的例子：

过去，由于网络技术 Circut Switching 的原因，美国网络资源几乎被 AT&T 一家垄断；TCP/IP 协议的发明，AT&T 已无法一家独大，促进了合久必分。

信息互联网持续一段时间后，整个信息没有一个系统的组织架构，使得信息很难被找到，此时谷歌出现，将信息收集中心化，分久必合。

第一代互联网为信息交换，第二代互联网需要价值交换，而价值的核心就是要大家有一个共识，区块链这种分布式网络技术的出现促进了这种合久必分。

多么清晰的思路，又是多么简单的八个字就给区块链为何出现一个合理的哲学解释。

到此，张首晟还没停止研究，继续利用熵增概念解释合久必分：

在生命世界里，走向有序的行为是把熵减少的一个行为，但整个系统的熵还在增大。区块链世界中，通过 Hash 函数计算，表面上看耗费了周边能量，自己的熵在减弱，但使得周围的系统熵变大，结果就是大家得到了共识，而共识的取得是区块链的核心。

于是，按此哲学解释，一场去中心化的，合久必分的互联网革命必将到来。

PC 互联网时代，网民理解上网、学会使用电脑这个过程持续了整整十年之久；移动互联网时代，网民很自然就接受了智能手机，全面进入移动互联时代只用了短短五年时间；而区块链价值互联网时代，不难预计会比移动互联网时代来得更快，更迅猛。币圈一天，人间一年，这已是区块链世界妇孺皆知的语录了，进入 2018 年，区块链投资的难度系数和风险系数，没有指数级增加，起码也是乘数级增长。

在一个财富大爆炸的新事物面前，谁更快嗅到气味；谁更快通过学习发现其中的商机；谁更快地付诸行动；谁就能在行业门槛最低时站上金字塔的顶端，这样的机会，一生能有几次？被我们撞上，何其有幸，不容错过。

区块链是一种思维革命

区块链本质是一种技术，但实质上是颠覆了传统商业思维的一种更新的思维。不具备这种思维的人，在扭曲和妖魔化区块链的同时，远离了真相，也远离了财富。正是因为没有真正掌握这种思维，很多人在走近区块链的同时也走近了伤害。

第一是去中心化思维。

区块链的去中心化思维是怎样的呢？我们要明白什么是中心。我们用微信沟通微信是中心，用淘宝购物支付宝是中心，到医院看病医院是中心，每一项实践活动都会落实到一个中心之上。享受着中心化的高效便利，但也承担着可能出现的拥堵和泄密。于是，区块链横空出世，去中心化的思想颠覆了我们以往的认知。我们第一次认识到，我们可能不需要银行，也不需要支付宝，再也不需要任何我们不信任却又不得不选择的第三方。

在人类社会，几乎所有的机制都是中心化的。抛开区块链能否颠覆这个世界不谈，中心化与去中心化是这个世界的两面，在某些方面我们确实有必要去中心化，而且去得越彻底越好。在另一些方面，我们反倒急切地需要一个中心。中心化和去中心化并不矛盾和对立，相反，它们在很多时候和谐统一，就像虚拟经济和实体经济同时服务于我们的生活一样和谐存在。

区块链思维中的去中心化思维，是一种自激励的模式。区块链通过代币进行社区的激励，吸引用户并把客户上升到合伙人阶段，让他们发自内心地愿意贡献自己的价值，去持有这些代币，从而促进区块链项目的改造与技术升级。这个过程没有任何人督促，完全是自觉自愿的，但人的趋利性会促使参与者付出极大热情，比如前段时间炙手可热的“3 点钟区块链社群”，凌晨 3 点还泡在里面，激情显而易见，原动力也显而易见。热情会传染，多一个人参与到区块链项目中去，就多一份力量，相应的去中心化事业也因此前进一步。在未来，至少在金融科技领域、文创领域、物联网、供应链和医疗服务等领域，去中心化思维会成为一种趋势，这几个领域充满“区块链 +”的机会。

以银行业为例，区块链能够大幅提高银行在支付、清算等环节的效率。在现有的银行体系下，境外汇款流程较为烦琐，同时转账之后往往在 5~7 天内才能到账，并且会产生较高的手续费。境外汇款之所以时间长、成本高，主要是各个银行都有各自的账本，这些账本不能随意互换，进行清算。因此在境外汇款中，汇款银行和收款银行往往没有发生直接的交易，在转账过程中需要中间银行来执行操作，这就加大了交易成本，延长了交易时间。

以中介行业为例，区块链的做法是将房屋资产上链，搭建一个电子信息平台，从而进一步加快房屋租赁、转让的交易速度。能够改进之前因为存在中介平台过多，遍布线上线下，经常出现出租人多个平台进行登记，增加出租人和寻租人的匹配难度。也可以直接降低中介费用不透明，保护消费者的合法利益。

以医疗行业为例，区块链技术的出现，其分布式记录、不可篡改、完全信任等技术特性为敏感医疗信息数据的储存、管理、分享、分析提供了高效平台。跨地域的医疗、医药、医保机构间可进行安全的数据交流，患者的权限大大提高，医疗信息成为安全可信的保密信息，信息的集合为大数据与 AI 诊疗提供了解决方案，使得之前患者对于医疗信息和数据缺乏透明性、自主性得到解决，从而降低和减少医患之间的信任成本。

区块链技术所强调的去中心化，其本质上是降低中心化程度的一种手段。去中心化，并不意味着绝对的没有中心，多中心也是去中心化的一种应用。

同时，区块链技术和应用的广泛推进，对于传统行业是一点点渗透与改造，让其得到改良，运行得更好。

第二是共识思维。

共识是区块链世界的核心词汇。在分布式网络中，只有各节点遵从一定的共识机制，区块链才能顺畅运行。这么说来，共识机制可谓区块链的经脉。区块链上没有任何的威权组织可以趾高气扬，颐指气使，没有任何的中心可以指挥调度谁，大家都仅仅遵从共识。在现实世界，我们也经常听到这个词，没有人敢质疑它的重要性，但我们缺乏的恰恰是共识。红灯停、绿灯行是一种共识吧？违反交规要扣分是一种共识吧？但闯红灯的行人与车辆每天难以计数，对于“收驾照分”和“铲分”等行径人们也早已屡见不鲜。引入区块链技术能否杜绝类似行径还需要验证，最重要的是要具备相应思维。思维不改，永远都是上有政策，下有对策。

第三是技术思维。

区块链本身就是技术大咖们打造出来的，也只有真正的码农们才能理解并且认可备受质疑的区块链。当大众都在津津乐道的时候，很多人早就知道区块链，也一直在提高和学习，但囿于技术和思维，对区块链并不看好，完全没有预测到现在的火爆，否则，至少会在当初买些币。当然现在也不晚，如果你真的像那些技术男一样，深信这一波。

第四是加密思维。

传统的互联网存在一个无法回避的不足，那就是所有用户产生的数据都直接存储在公司后台，相应数据要么被公司利用要么被黑客窃取，用户权益无法保障。这个没有隐私的互联网，在引入区块链技术后将大大改观，区块链上的所在数据都将被用户加密，只有用户才可以解密，相关方只能申请得到用户的授权。而且，如果用户忘记了自己的私钥，也将无法打开自己的钱包。

区块链带给我们一种新思维、新认识。

助推社会发展，从信息互联到价值互联

任何一个行业从诞生那一刻起，其生命的本源就是信用，它像一颗心脏在这个行业成长和变迁中不断跳动着，维持其真正的企业生命力。设想一下，如果没有诚信的世界，只能是以物易物，整个社会人与人、人与环境、企业与企业间都将陷入停滞和倒退。而区块链的出现，说到底就是一种数字信任。在数字世界里想要证明一件事发生过，区块链技术是绝佳的方法。信息一旦被记录，无论出于何种目的，都不可回溯修改。伴随着这种狂潮一样的新技术的兴起，区块链技术将对商业社会产生不小的影响。

衡量一个现代商业社会发展的重要标准，就体现在财务制度和法律法规上的完善和保护私有财产不被侵犯上，做到这点，莫过于复式记账法、公司制度和保护私有财产的法律。我们可以把它们称为商业社会的三大基石。

任何一个对于现代商业社会制度熟悉的人，必定会对这三项巨大的创新无比敬仰，因为它们对于推动商业历史的发展，有着无比巨大的作用。即使到了互联网时代，依旧能够看到它们在推动互联网发展时发挥着良好的功效。然而，区块链有可能将这三大基石进化到一个全新的阶段。

在区块链社会里，复式记账法变成了分布式总账技术。分布式总账

技术让系统中每个节点都有机会成为记账人，而每个时间段中都确保账本数据的平衡。其中所有数据都是可以追溯的，不仅具有极高的冗余性，而且有极高的安全性，完全无法篡改，可以被视为一种实时审计的记账方式。

公司制度变成了分布式自治公司和组织。公司不需要HR部门，也不需要业绩管理部门做评估，来决定你的奖金，你的奖金是由一套算法来决定的，这10分钟之内你做了工作，这10分钟之内发出来的比特币就给你了，下10分钟你没有抢到记账权，那下10分钟你就没有权利得到比特币。非常公平，HR不需要了，行政管理不需要了，部门经理不需要了，老总也不需要了，靠数学算法。不同于传统公司复杂和缓慢的机制，这就像一个完全自动运行的公司，任何一个人都可以随时加入和退出。而公司的股权（代币）成为系统中运行的唯一货币，并让收入、利润这些概念完全消失。公司运作的结构被大大简化，只剩下投资者和生产者，这会极大地提高公司的运作效率。而每一个分布式自治公司和组织都像上市公司一样，其股权（代币）是可以高速流通的，这意味着其价值发现从一开始就完全由市场决定，而不是通过漫长和复杂的融资及审核方式逐渐成长为一个上市公司。

另外，任何的商业都不是孤立存在的，商业是一个网络。任何一个生意都有供有需，而且是一个链。我们生产一部手机，可能有成千上万个企业在里面构成一个产业链，商业网络里边有很多参与方，参与方之间可以是竞争的，可以是合作的，有人强势一点，有人相对弱一点。商业网络中会流通产品和服务，产生信息流、资金流、物流。然后会产生财富，市场是它的核心，这是商业社会的一个基本运作规律。

传统的商业网络的常态是，比如说有A、B、C三个参与方，再加上银行、监管方，在这样有五个参与方的商业网络里面，它们两两之间都会发生一些商业往来。商业往来的话就需要记账，或者说签合同，也就意味着它们要记录数据。两两之间记数据，当数据不一致的时候怎么办？数据损坏了，大家对数据有争议的时候怎么办？而且，两两之间沟通的效率非常低，会造成很多时间和成本的浪费。

如果这些参与方之间，能够在一个公共的、共享的账本，在互相都认可、公开、透明、可信的情况下去工作的话，刚才提到的问题就都不存在。不需要扯皮了，也不存在不一致，系统的稳定性提高了，可能一家丢了数据其他家可以帮它恢复。所以，区块链这样一项技术在商业网络里面有可能会给很多环节带来重要的改善，从而助推现代商业社会发展。

助推商业社会发展最大的利好在于，从信息互联到实现价值互联的迈进和重构。

畅想在区块链之下的信用社会中，每个人的信用数据、行为数据都将放到区块链上，让每个人对自己的数据做主，有完全的权利运用自己的数据，而不需要其他机构来证明，且个人能够通过加密保证哪些数据是对外公开的、哪些是不公开，对哪些机构或人公开的、对哪些机构或人保密的。现在，客户在互联网搜索服务商，未来，客户一旦发出需求数据，是多家服务商根据客户的数据和自己的数据模型提出服务选项和报价，服务商围绕客户提供服务，真正以客户为中心的商业模式才可能形成。

区块链的诞生正是人类构建价值传输网络的开始。它将使人们在网上像传递信息一样方便、低成本地传递价值，这些价值可以表现为资金、资产或其他形式。

区块链就是要在互联网中创造一种体系，这种体系在人们不能互相信任的前提下，还可以从事价值交换活动，从而真正做到去中心化、去第三方中介机构，实现从信息互联网到价值互联网的转变——尽管听着有些遥远，但这就是区块链革命的本质。

区块链技术解决了现有互联网无法解决的价值传递问题。

数据可确权，我们便能赋予数据“价值”的意义。什么意思？假如数据不能确权，那么我转一个数据给 A，我和 A 都拥有这个数据。但是，如果我将 1 万元转给 A，我这实实在在少了 1 万元，而 A 实实在在多了 1 万元。在这里，货币代表价值。看得出，不可确权的数据和价值是无法匹配的。在传统互联网，为了能将价值映射成数据，依靠一个中心化的公司，比如支付宝。大家在支付宝内转账，相信支付宝，这个中心能正确地记录所有交易过程，从而确定每一分钱的所有权。但这个方案有很大的弊端：首先，这些中心可能作恶或者崩溃，历史上政府、银行、公司作恶和垮台的例子不在少数；其次，这些中心使互联网孤岛化，支付宝和微信不能互转，极大地限制了价值的流通。区块链应用的出现，才真正让价值可以无边界地自由安全地流通，所以说互联网实现了数据的传输，而区块链实现了价值的传递。

比如基于区块链的内容平台 Steemit，发行了代币 STEEM 来奖励内容生产者。Steemit 平台上每一个内容资产的增加，都会带来新价值的产生，又会吸引更多的用户，用户越多，STEEM 代币的消费也会随之增加，STEEM 代币的价值也相应增加，可以吸引更多的内容生产者，这种正向循环，从而形成生态效应。对于价值传递，价值流动越快，社会就越有活动。因为价值互联网，人类社会将进行一场更完美的革命。

所以，区块链应用不仅实现了价值的传递，更厉害的是它能高效地创造价值。所以，我们有理由往前看得更远，想象力更丰富一些，区块链将成为颠覆世界的又一个开始。

区块链技术助力身份和信用自证

网络上经常出现诸如“某人的身份信息被冒用，‘被贷款’几十万”“某人个人信息遭泄露，背负了‘抢劫’罪好几年”“某人办理出国手续，却遭遇了信用无法证明”的新闻，让每个人都替自己的身份信息捏一把汗。网络安全、身份和信用自证已经成了摆在网民面前最关注的话题之一。虽然国家监管手段和第三方证明机构都在不断完善，但依然跟不上数字时代，或者解决方案无力又低效。

之所以丢失身份证容易被其他人冒用，是因为二代身份证的智能芯片无法通过远距离改写使其“失效”，所以当他人捡到了身份证依然可用，当身份证被冒用于银行开户、注册公司等，一旦出事，身份证的真正主人将被问责、承担证明“那个我不是我”的举证过程责任。

区块链的出现为这个问题提供了解决思路。创建基于区块链的数字身份，可以从源头上对用户身份信息进行加密，并在身份验证、数据流转中取得“信息可用不可见”的效果，同时也能很容易起到身份自证的作用，个人能有效解决“我是我”的问题。目前，这种数字身份已经开始走向实证阶段，在多个领域初步应用。

区块链技术的可追溯、不可篡改和分布式等特点，有助于数字身份从中心化走向去中心化，即 DID（Decentralized Identity，译为“去中心化数字身份”或“分布式数字身份”）。DID 在保护隐私的同时，能让用户自主决定谁来查看和使用身份数据，在未来还有可能转换成可兑现的数据资产。

比如，如果 B 要冒用 A 的身份证去实名购买手机号码，传统的营业员验证身份的过程如果疏忽或有私心很容易就通过了审核。若是区块链的链上身份验证，那么电信系统向公安系统发送验证请求，要求其验证持卡人是否是 A，于是，公安系统返回一个对 A 的要求，要求其输入密钥或指纹等。由此，B 便无法通过办卡申请。

再如，一家商业公司要对 C 做实名认证：C 告诉该公司自己的身份——该公司向链上发送查询身份的请求——身份链把验证请求发送到身份链 APP 中——C 在 APP 一键验证、回应请求——身份链、商业公司便相信“C 是 C”了。相比于此前单纯以持身份证为凭证，这种验证方式安全性更高；相比于要上传本人持证拍照、进行人脸识别等方式，利用区块链中的非对称加密技术更能保护用户隐私。更便捷地，之前“身份”一般指的是公安部门所签发的身份证信息，但其实户口簿、名下房产、工作情况、征信记录等，都是用户身份的组成。现在用户在政务系统、商业机构办理业务时，总是提供众多资料。有了区块链，多个部门组成联盟链，信息一经更新就能同步给其他部门，用户需要用的时候只需在应用程序上授权即可，极大地节省了时间和成本。

区块链的价值还在于在陌生人之间无须第三方提供信用背书，不管第三方是人还是机构，因为区块链上的数据已经完全能够证明信用度了。这时候你可以在不需要国家权力存在的情况下证明一个人的身份：只要你的每个行为在区块链上记录，这个记录就不可更改、不可伪造，也无须其他人证明，你只要提供自己的私钥（也只有私钥能够证明）。区块链身份认证的时代已经来临。

区块链技术改变中心化的人治管理

提到管理，人们都会想到人治和法治。大部分管理偏于人治为主，不以制度、规章来约束人，不仅仅是中心化的老板说了算的问题，还有大部分弊端是老大自居，不公平现象多。未来组织机构发展将会从“人治”到“团队共治”发展。通过共治来管理机构，让内部形成一定的习惯和共同的纲领，吸引更多的人自愿加入。不但能够规避人治管理模式带来的弊端，还能提高效率。

从稳定性方面来说，人治的模式，对于管理人的个人依赖程度非常高，一旦该部分成员进行变更时，就可能导致整个项目的失败，而对于通过计划管理的模式，不管人员如何变动，只要新加入的人员按照计划中相关事项执行即可。人治模式更容易产生中心化风险。

今天的公司组织仍旧保存着层级化架构，公司发放高管和首席执行官的报酬过高，远超他们所创造的价值，权力和财富越来越集中在大型企业当中。为什么说区块链能够改变这种中心化的人治模式呢？

因为区块链技术通过将他们的源代码免费公开，便于网络中的每一个参与者分享权利，使用共识机制，以确保正直性，并在区块链上公开运行的业务，这些技术为那些梦想破灭和被剥削的人带来了新的曙光。因此，区块链技术还提供了一种可靠高效的方法，不仅能消除中介成本，还能极大降低交易成本，将公司变成网络，将经济权力分散开去。

这样的组织可以有自己的股东，也可以是参与众筹活动的数百万人，这些股东提供一个任务使命，如本组织应该合法地将利润最大化，并正直地对待其股东。股东们也可以在需要的时候进行投票，以管理此组织。与传统组织不同的是，传统组织是由人类做决定，而在区块链技术的分布式组织里，很多日常的决策制定任务可以被编程成为智能的代码。理论上，这些组织最起码可以在较少甚至无须传统管理架构的情况下运行，每个流程、每个人都根据智能合约里编码好的特定规则和流程运作。在这种组织里，不会有报酬超过其贡献的首席执行官、管理层和公司里的官僚主义。不会有办公室政治，没有繁文缛节，任何人类雇员或有合作关系的机构，会在智能合约的框架下运作，当他们完成指定的工作，就能及时得到报酬，或许不是两星期一次，而是每天、每小时或者是每微秒都可以在付款。他们会知道“良好行为”的规则和标准，考虑到智能合约会将管理科学理论的集合编码进系统中，他们的任务和绩效指标将是透明化的，大家都会因此而热爱工作。

这个组织背后的创始人，制定了一系列规则，搭建了透明的指导方案和不可侵蚀的商业规则，这个组织将会根据这些透明的规则，执行所有的运作流程。相信这是未来一种新的商业模式，从中化心的人治管理状态达到自治和共治的理想状态。

区块链重构商业世界

区块链革命在如火如荼地进行，正在以非常快的速度不断渗入各个领域，最显著的应用领域在金融板块，或者说最先全面被区块链重构的行业就是金融行业，包括保险、理财、贷款、期货在内的所有行业。有人也许会质疑，区块链除了运用于数字货币领域，还有哪些场景能用到呢？它的使用范围应该没有人们想象得大吧？如果这样想，就错了，区块链看起来是一项技术，而在笔者看来它带给我们的是一种新的思考方式和角度。

一个新生事物的产生到最后重构整个世界，必须覆盖生活的方方面面，当然这需要一定的时间。好比我们现在使用的微信支付和支付宝改变我们使用现金的习惯，道理是一样的，社会会推动一个有利于自己的新事物不断发展和壮大。

区块链一样会得到推动原因很简单，因为区块链是与钱最接近的东西，每个创业者都希望通过“区块链+”来完成自己的换道超车，所以，我们已经看到各种“区块链+”的应用产品诞生。例如，区块链投票、区块链慈善、区块链医疗、区块链评价、区块链购物、区块链知识产权、区块链社交、区块链知识付费、区块链广告、区块链外卖、区块链打车……

区块链通过自身具备的特点和优势，去中心化，不可篡改，通过一个一个行业的覆盖，让投票结果更加公正，让每一笔捐款都知道去向，每一笔购物评论都不可篡改，每一次购物可被量化，每一个创作都受到保护，让每一次的出行更加安全，最终实现重构世界。

区块链技术实际上是重构商业模式的技术基础，一个区块链就是一个共生体（类），为这个区块链中每一个利益主体来设计和实施好它的商业模式，就是设计它们的交易结构，这个区块链就成为一个具体的生态系统。

区块链的信息技术较互联网数字技术而言，是更进步更合理的发展。假设第一代互联网是原始社会，所有的物品产权都没有得到很好的保护，或者保护的成本太高。那么，有了区块链技术之后，将来任何一笔数字资产产生、创造、增值是谁做的，都有很详细具体的记录。数字社会由于区块链技术从原始社会进入到私有制社会，生产力能得到极大的发挥和创造。

区块链最具颠覆性的使用价值是 Token。Token 承载着价值的量化互联。区块链与互联网本质上都是一种传输技术，互联网是做信息的传输，它实现了信息的高效传输；区块链则是做价值的传输，它通过 Token 实现价值的量化互联。而这是区块链真正的价值。

以数据为例，对个人来说它可能真的不值钱，但是那些火得一塌糊涂、赚得盆满钵满的大公司，从源头上说都是靠公众的数据生存与盈利的。所谓的大数据，其实是公众的大数据，诸如 Facebook 等商家不仅非法利用用户数据，也不会给用户任何权益，有可能还会收到一些垃圾信息，当你想利用它的平台做些事情时反倒还向你收费，真是岂有此理?

有了区块链，有了 Token，这一切都将改变。在区块链进一步发展的将来，或者说当下，人们已经实现了部分资产上链，任何有价值的资产均可上链，都可以量化为相应的 Token。比如我们的数据，我们把它加密后放到网上，谁也别想窃取，但是如果有人愿意付出相应的 Token，使用一下我们的数据，那通常来说也没什么不可以。

另外，价值需要流转，只有流转才能彼此受益，这是众所周知的事情。过去的价值流转单位实际上是钱，比如人民币或美元等。而 Token，在可期的未来，它可以让全球资产数字化，也就是 Token 化，并随即流动起来。如果 Token 无法流通，那么便失去了它的重要属性与价值。因此，无论经济模型如何复杂，分配模型如何复杂，最关键的点是不断提高社区参与的用户数量、控制好 Token 的产出数量，并通过不断推陈出新的创新玩法，促进 Token 在社区生态内的流通。

还是站在全球视野上说，在某些国家和地区，某些区块链项目已经推出了实用的方案，局部地化解了这些问题。普遍化与优化迭代，都只是时间的问题。

下篇
区块链矩阵组合应用与现实

第五章　区块链与数字货币

区块链与数字货币之间的关系

想要了解数字货币，我们先大概梳理一下什么是货币。对于货币的定义，百度百科是这样解释的：货币本质上是一种所有者与市场关于交换权的契约，根本上是所有者相互之间的约定。货币最早作为交换的媒介以贝壳、铜钱、金银之类的状态出现。随着社会不断发展，货币的形式也在不断发生变化。从铜钱到纸币，再到如今微信红包、支付宝等电子化货币。但电子化货币并不利于国际上通用，比如我们想拿着人民币去国外消费就得先换成外国的货币，并且汇率还在不断变化。随着美国次贷危机的出现，开始有了比特币，区块链也跟着火了起来。为什么比特币也分以太坊、莱特币等很多货币呢？因为区块链不仅是一种账本，还是互联网的升级。所以，区块链还能用于物联网、人工智能、知识共享、电子商务等方面。当区块链和物联网结合时，就产生了一种新的技术。那么如何体现这种技术的价值呢？我们就电脑生成一种新的数字货币，把它赋予价值。由此，这项技术就产生价值了。人们通过购买这种货币也相当于这项技术的一个股东了。所以，如果区块链是发动机的话，那么数字货币就是维持发动机的油。

区块链可以应用在不同的领域，领域内人士为了方便交流沟通以及和其他领域区分，就专门设立了一种货币，这样就产生了种类繁多的数字货币。所以，这就是区块链和数字货币之间的关系。当然有些数字货币就是在借机炒作赚钱，没什么实用价值，这就需要我们好好辨别。

区块链具有加密性及不可篡改性两大特点，是保证数字货币安全性使用的技术，能够将数字货币在使用过程中出现差错的概率降低到0。由于数字货币对加密性要求更高，故而一定要用区块链技术对其进行支持，目前，不仅我国多个行业都在使用区块链技术，乃至国外多个国家也在积极使用区块链技术。区块链技术与数字货币是息息相关的，换言之，数字货币的发展离不开区块链技术的保驾护航，区块链技术应用于多个领域，最让使用者感到自豪的还是在货币领域的应用与创新。

区块链是新型的数据管理和运算模式，也是当下被使用者认可的记账模式，且记账功能强大，由节点构成交易和记录，储存能力强大，区块链的支撑也保证了交易过程中所有信息都是公正、透明、不可篡改的。

由于数字货币的兴起，很多人总想绕开区块链去投资数字货币，以达到暴富的目的，这实际对数字货币没有客观和理性的认识，仅仅停留在用数字货币来赚钱的层面上，这种只想通过炒币来赚钱的希望是非常渺茫的。数字货币的底层技术一定是区块链，然而，一旦脱离了底层的区块链技术，所谓的数字货币便失去了意义。所以，有了区块链技术的支撑，数字货币才有意义，缺少区块链技术的支撑，就算是再具有颠覆性的数字货币也只是一种营销噱头而已，没有任何意义。

正是因为如此，无论是做数字货币的投资，还是做区块链技术的落地和应用，我们关注的焦点都应该在区块链技术本身，而不仅仅停留在表层。这是越来越多的人将关注聚焦在区块链技术的根本原因。

区块链是一门技术。比特币是一种虚拟数字货币，它只是区块链的一种应用，不是区块链的唯一范式。区块链虽然始于比特币这一虚拟数字货币，但不能因此而过度解读区块链在虚拟数字货币中的应用价值。

区块链是去中心化技术，但是货币是中心化产物。早在虚拟数字货币诞生之初，世界各国中央银行对虚拟数字货币持观望态度，对是否支持其发展也持有不同意见。但随着虚拟数字货币的发展，世界各国逐渐统一认识，当下，几乎所有的中央银行都持有相同的观点，即不认同虚拟数字货币的货币属性，这是为什么呢？

从国家的角度，最根本的原因是企业发行虚拟数字货币会妨碍国家货币政策的执行。众所周知，世界各国的经济调控手段，主要是通过财政政策措施和货币政策措施来实现的，没有一个国家对经济的调控能离开货币政策措施的支撑，而实施货币政策调控的基础是确保国家控制货币发行权，发行法定货币。试想，如果通过社会利用区块链技术自主发行虚拟数字货币，这些虚拟数字货币横行市场，如何确定利率与汇率？如何确定 CPI？……这将给国家实施经济调控制造巨大困难，使所有货币政策无法执行。因此，社会发行虚拟数字货币基本是不会有前途的，区块链最好不要同货币相结合。

虚拟货币本质上不是货币，区块链的发展不该而且不能陷入造币挖币的死循环中！

虚拟数字货币与传统货币的区别

数字货币，广义上包含两个概念，一是加密数字货币，非法定货币，也可以称为虚拟数字货币，如Q币或比特币等。以比特币为代表，依赖去中心化机制，可以实现匿名的点对点支付。二是基于现有银行货币体系的法定数字货币。

提到数字货币的比特币人们一定会有一个疑问，究竟数字货币与传统货币的区别是什么呢？从最简单的区别来理解，是二者的发行不同。我们平时用的普通货币是由中心化机构发行的，比如人民币的发行方是央行，美元的发行方是美联储。而数字货币的发行则是由程序写死的，任何个人和国家都无法改变。

传统货币包括纸钞和硬币，也就是“我们手中的现金”。央行也提出了数字货币的概念，在功能上与电子支付如微信和支付宝有很大的区别。

以往电子支付工具的资金转移必须通过传统银行账户才能完成，采取的是“账户紧耦合”的方式。而央行数字货币是“账户松耦合”，即可脱离传统银行账户实现价值转移，使交易环节对账户依赖程度大为降低。央行数字货币既可以像现金一样易于流通，有利于人民币的流通和国际化，同时可以实现可控匿名。因为这个特点，很多人将比特币与数字货币等同，实际有很大的区别。

目前试点阶段的数字货币，主要是用来替代现金，进行日常小额交易，未来再扩展到其他领域。很多人一听到数字货币，就会联想到比特币、以太币等虚拟币。但仔细分析一下就会发现，央行发行的数字货币与它们完全不同。

数字货币是指数字化人民币，是一种法定加密数字货币，它本身是货币而不仅仅是支付工具。支付宝、微信支付和手机银行等其实都是电子货币，并非数字货币。这些都是基于电子账户实现的支付方式，本质上只是一种现有法定货币的信息化过程，还不是严格意义上的数字货币。它跟Q币、比特币相比也完全不一样。我们平常所说的Q币、比特币等都属于虚拟货币，与数字货币相比最根本的区别在于发行者不同。

央行的数字货币带有国家信用，并通过国家的各种行政力量和金融系统保证数字货币的合法使用。作为交易中其他各类商品的价值尺度，它代表的价值及价格必须有一定的稳定性，不能像比特币价格一样上蹿下跳。目前的央行数字货币，只是替代流通中的现金部分，让大家能够更高效、便利地进行交易。这种数字货币，只是国家法定货币的一种新的表现形式而已，与现金没有本质区别，这是从形式上讲更便利，只要通过手机APP注册就可以使用，各类支付和收款都电子化，大大提高交易效率，降低成本。

据相关信息披露，如果未来我们想要获取数字货币，并不像比特币通过“挖矿”来获得，而是注册一个数字货币钱包，用于接收和兑换数字货币，数字钱包可以通过手机APP等渠道进行注册，依靠身份认证系统，保证账户的合法性。注册数字钱包后，我们就可以通过以下几种方式获得数字货币：用人民币现金进行兑换、用自己的银行卡充值。

通过这一数字货币来源，我们可以清楚地看到，央行的数字货币实际是现金的替代品。从央行的角度讲，数字货币的运用会减少印钞成本，降低了防范伪钞的难度。不过，也需要大额投资来建设数字货币系统和技术平台，并进行日常维护。数字货币具有极其深远的意义。目前各国都在快速推进数字货币，如同5G技术一样，被视为未来技术创新的核心方向，数字货币技术的成熟，也将为国际间贸易和结算带来一场重大变革。如果我国的数字货币技术和运行模式逐步成熟，可以承担国际贸易结算的功能，一方面会成为引领国际结算技术进步的中坚力量，构建未来便捷和安全的国际支付体系；另一方面可以破除美元结算体系对我国经济发展的束缚，从这一点来讲，数字货币的意义非常重大。

数字货币中的通证经济是什么

相信大家最近经常会听到“区块链”这个词，但是很多小伙伴并不知道这到底是什么意思，而且还经常会听到Token这个词，这是区块链中的一个概念，那么Token到底是什么意思呢?

先前，中国人习惯于把Token翻译成代币，而现在，它有了一个更加贴切的中文名——通证。

如前所述，货币背后是货币权，货币权力必须属于国家，所以Token翻译成代币有点一厢情愿，它代什么都可以，就是代货币比较难，因为没有国家的授权和支持，仅仅是自欺欺人也就罢了，“代币”也容易让人误解，以为在区块链上发币就是为了挑战货币主权，加之很多不知天高地厚的人确实在这么讲，结果险些把自己逼得没有退路。

“通证”的定义就比较温和，也更加准确：可流通的加密数字权益证明。更确切地说，“通证”是区块链网络上的一种记账方式，由密码学加持，在该网络上可以自由流通。其最核心的一点，则是在生态构建过程中起激励作用。

我们先来看看通证是如何产生的。最初阶段，通证的获得只能通过挖矿，即需要工作量证明。后来便衍生出了忠诚度证明，只要一个人持有通证，便可以获得相应的利息（币），时间越长，中间没有抛售，那么奖励的利息就越多。再后来是工作效果证明，区块链是需要推广的，论坛是需要维护的，光出力不出效果不行，比如发帖，就要根据转发量、点赞量、评论量等，来决定给作者多少 Token 作为奖励，给得越多，作者干劲越大，激情越高，完全不给立即全部作鸟兽散。然后就是对提供相应资源的奖励了，比如提供带宽、存储空间，再比如为系统提供背书或站台，如担保、增信，以及直接提供最重要的资源——钱，当然也必须给予相应的 Token。

通过 Token，大家能将更多的资产（比如游戏、存储、网络、文化内容等）上链，激励劳动者与创造者的劳动与交易，也许真的可以完全激活人类社会的价值。

Token 的本质，是金融权利被技术穿透，每一个碳生物和机器人都是平等的，每一个人类都可以用自己的信用做背书发行 Token，来募集生产资料（币或者等值算力）去实现自己的想法。不需要被任何人类社会组织结构剥削和胁迫而使用法币，所有的价值，应该都是基于人与人、人与机器、机器与机器之间达成的共识，通过算法予以确认。

通证如何让人赚到钱呢？

Token是什么？Token就是钱，尽管我们这里不称其为代币。有人说也可以用钱生钱，没错，我们可以投资、交易，不过投资的第一要义是安全，第二要义还是安全。你怎么保证你的本金安全？毕竟现代社会有很多人在惦记着我们的本金。这就引出了加密技术，即加密算法，它是区块链应用和开发的关键，一旦加密方法遭到破解，区块链的数据安全将受到挑战，区块链的不可篡改性将不复存在。换句话说，你的Token可能变成别人的Token，一切将与你无关。

加密算法又可分为对称加密算法和非对称加密算法，区块链中主要应用后者，它能同时满足安全性需求和所有权验证需求。在加密和解密过程中，通常使用两个非对称密码，分别称为公钥和私钥，它们具有两个特点：其一，用其中一个密钥加密信息后，只能用另一个对应的密钥才能解密。其二，公钥可向其他人公开，私钥则保密，其他人无法通过该公钥推算私钥。换句话说，这相当于把你的钱箱加了一把除你之外谁也打不开的锁，非常安全。有了这个前提，才能谈及其他。

最后是资产的上链问题。没有资产上链，发多少Token都没有意义，炒来炒去都是空谈。Token必须与资产、证明、身份、数据、业务、信息等，共同上链才有价值。有股市投资经验者都懂得资产负债表，都知道一家公司的资产既包括现金与有形资产，也包括无形资产，比如商誉、用户、海量数据、创意，这些对企业来说都具有巨大的价值，然而在传统的财务报表上无法体现。有了区块链，情况为之改观，因为一切都可以用通证固化下来。用户可以获得Token，贡献数据可以获得Token，贡献创意也可以获得Token……因为有了Token，所有以往有价值但难以体现的资产都可以显性地表达与自如流转，只要它真的有价值。只要做到这些，再考虑用 Token 赚钱。

有人说离开了 Token，区块链技术将一文不值。因为区块链技术本身缺乏炒点，一个特殊方式加密的公共数据库，对公众来说有多大的吸引力呢？其之所以让人为之狂热，最核心的原因就是以比特币为代表的 Token。区块链本身缺乏价值，但 Token 自带价值。

言下之意，区块链没用，除了炒币。Token 不是自带价值，而是可以炒起来。原因主要还是存在于投机分子身上，但其错误也非常明显。区块链如果没用，会有包括各国政府在内的各种力量投入巨大的人力物力去研究它？事实上，自 Token 问世那天，区块链最大的应用就已经落地。Token 不是自带价值，而是承载着价值的量化互联。

区块链基于互联网，是互联网技术的分支，同时又自成一派。它们的相同之处在于本质上都是一种传输协议，互联网是做信息的传输协议，实现了信息的高效传输；区块链则是做价值的传输协议，通过 Token 实现了价值的量化互联。

前面说过，区块链的本质是加密的数字凭证，但如果不进一步被用作价值的传输协议，那么它依然没有多大意义。而因为 Token 的出现，它忽然变得意义重大起来。

首先，它是所有人都信任的凭证，不可篡改、可以交易、转让，同时不可销毁，不可逆。

其次，它是价值的代表，并且只代表真实的价值。数据是价值，商业模式是价值，无形资产、有形资产等都是价值，任何价值都值得加密，都可以量化为相应的 Token。

最值得一提的就是数据。大数据是当下很火的概念，凡与它沾边的公司市值普遍都很高，然而此类商业化公司的公信力很成问题。即使是Facebook，也会让用户怀疑在非法利用用户数据，此刻，这种怀疑已经成为事实，证据确凿；即使是滴滴，也会让用户怀疑不仅没给老用户权益，反而用大数据杀熟。没有哪家商业公司可以自证清白。我们也不需要它们自证。未来，区块链将带领大家将本来属于我们自己的数据资产夺回来，帮助我们支配在未来经济世界中最有价值的东西——数据。

在未来，我们完全可以用手里最有价值的东西——数据，去参与经济活动，获得经济活动当中所产生的收益的分配权。同时，用公链的方式搭建个人的交易所，用数据交易来帮助个人把数据进行定价。所以，Token其实就是体现物联网核心价值的关键，Token可以实现人与设备之间发生交易，设备与设备之间发生交易。Token代表着区块链能够创造一种全新的价值交换体系，激活了全新的物联网，也帮助我们去建立一个全新的人类数据时代。

通俗地说，你可以把Token理解为一家上市公司的股票，不同的Token代表不同的项目、不同的技术、不同的功能。但它最基本、最主要的功能，还是用来代表真实的资产和价值。

众所周知，股票代表的是一家上市公司的所有权，也即股权。围绕着股权，慢慢地发展出了经营股票买卖或转让的公共交易场所，即股票市场，后续，人们又围绕股票市场发明出了很多新玩法，如基金、信托、债券、期货、外汇，统称资本市场。

试想，如果一个国家没有资本市场，那么底层的工人根本就没有机会分享到企业的利润，企业每年所有的利润，统统都流进了老板的腰包。随着时间的推移，老板会越来越富有，工人只会越来越贫穷，社会的贫富差距就会越来越大。贫富差距达到一定程度后，就会爆发各种不和谐。而有了股票及资本市场，普通人也可以通过购买上市公司股票，成为老板的合伙人之一(股东)，合理合法地分享企业发展所带来的红利，贫富差距的速度就会慢许多，社会和谐稳定的时间就会更长。社会和谐稳定，百姓才能安居乐业，国家才能长治久安。

后来，因为有了互联网，股票的交易变得更加方便快捷，从而得以迅速普及，人们之所以被称为“股民”，就是这个原因，人实在是太多了。时至今日，依然有很多人不看好股票，要么曾经吃过大亏，要么完全没有相应的意识，并不影响股票本身这个中性的存在。

Token 也是如此，重要的不是看它的现在，而是看它的未来。不要盯紧一些个案，某个人赚得盆满钵满，某个人却亏得倾家荡产。个中原因与个中区别，并不主要在于投资与投机的区别，还在于我们必须明白一点，政府之所以建立股票市场，一是为了开辟投资渠道，二是为了方便企业融资，获得更好的发展，更好地服务整个社会。后者显然比前者更加重要。未来，通过联结互联网、物联网，所有的资产与价值均可 Token 化时，肯定会有与资本市场的相关对接，但真正的初衷以及真正的伟大之处，还在于资产 Token 化本身。

通证和区块链究竟有什么关系

区块链可以做很多应用，比如记账、做公证等，通证作为数字凭证，也是区块链上的一个应用。通证不仅拥有电子化支付的便利、流通性、全球性，并可以实现 7×24 小时全天候市场交易，更重要的是通过可靠技术，通证在区块链上无法造假，这决定了通证可以代表各种各样的价值。

随着行业的发展和通证概念的引入，Token 才被重新定义为：可流通的加密数字权益证明，简单来说，就是价值的载体。而通证经济，就是借助这类载体，将重要价值、重要权益通证化，利用区块链或可信的中心化系统使生产要素进入流通环节，利用自由市场使资源配置更加精细、更加合理，使数字管理发挥到极致。Token 的内涵更加丰富，更加富有想象力，既可以是金融衍生品，也可以是权益，甚至可以是实物资产。

自此，区块链项目也陆续回归到商业的本质，他们关注的重点也从"如何生产与分配 Token"变成了"如何让资产以通证的方式更好地进行流通"。而这才是通证经济真正的含义：利用区块链优化"价值"的转移和流通。

通证和区块链的关系可以表现在以下几个方面：

（1）通证建立在区块链的激励层之上，通证激励能使人类大规模地进行组织和协作变为可能。通证的用途有很多，是所有权和收益权的一种凭证，只不过，通证还具有一层货币的属性，能够跨时空地进行全球流通，这也是通证和普通证券的根本区别。

（2）区块链技术，不仅适合加密的去中心化电子凭证，还适用于发行、登记和流转通证，能够实现价值转移，通过智能合约，赋予通证丰富的、动态的用途和价值。

（3）区块链是一个能够交易和流转的基础设施，可以为"通证"提供高流动性的环境，能够快速交易和流转。

（4）区块链是个天然的密码学基础设施，可以利用密码学为“通证”提供可靠的安全性。

（5）区块链是去中心化的，能够改善人为篡改交易记录、阻滞流通、影响价格、破坏信任等问题。

通证和区块链可以说是最佳拍档，没有区块链的通证无法得到别人的信任，没有通证的区块链也仅仅是企业用户数据升级而已。只有二者相结合，才能产生更大的价值。在区块链世界里，经济价值是用通证来表达的。

通证本质上要解决的是一个社群通过代码决定什么样的行为要受到实时的激励、什么样的行为要被实时惩罚，以及怎样确保激励和惩罚是公平、公正的。区块链的技术变革是一项重大的变革，它对现有商业模式及社会关系均有重塑作用，它认为普通投资者也可以参与，同时要明白参与的是什么。

区块链技术适合加密的去中心化电子凭证，但这种技术不仅仅局限于比特币，也不局限于底层数据库技术，还非常适用于发行、登记和流转通证，实现价值转移。这正好是通证的使用特征。

比如，你持有一万股某股票并且觉得它以后会涨，想把这一万股股票送给儿子，但现在的机制实现不了，如果去二级市场卖，你也没法保证自己的儿子正好买到。如果去找证券公司拟登记结算，他们只负责大宗交易，不会管散户。

那么问题来了，虽然这一万股股票是你的财产，你要把股票送给儿子也是很合理的处置，但你没有对这笔财产充分的处置权，也就是说，资产的登记方设定的规则决定了你对财产的处置能力，那这是不是对你财产权的某种侵害呢？

资产的通证化就可以解决这个问题。如果股票、凭证等资产未来全部能以通证的形式存在于区块链上，这个价值网络就可以突破传统边界，当我在系统上发出一条指令，世界上有无数的机器帮我来完成登记，你的权属可以在传统的边界之外得到证明。

所以说，当通证与区块链相结合的时候，它能够产生一种突破边界、不由任何登记方限制你处置资产的能力，通证的核心作用就在于流通，由此可以创造出无限的可能性。

总的来说，“通证”的用途是多方面的，它和股票证券虽具有相似性，都是所有权和收益权的一种凭证，但是“通证”还具有一层货币的属性，能够跨时空地进行全球流通，这又是“通证”和普通证券的根本区别。

通证与数字货币的关系

现在在网上搜一下区块链，10 个里面 8 个和数字币相关。不论是技术还是做运营市场，都是围绕数字货币展开的。那么区块链中的数字货币与通证到底是什么关系。首先，“代币”这个词来源于 Token，这个词原先的解释并非代币，而是令牌、通证。这个词早在互联网发展的时代就产生了。它的意思是互联网生态环境中的权益证明，比如说，我用我的电脑登录某网站，输入用户名和密码之后服务器会生成一串 Token，其中包含用户信息，下次用户登录的时候可以不必输入账号和密码，凭着

Token 就可以登录。

通证，可理解为可流通的加密数字权益证明，简称“通证”，代币，是对 Token 片面的或者说错误的翻译。实际上，代币是通证权益中的一种。所以，数字货币和通证是两种不同的概念，币代表价值，证代表权益。通证可以代表任何权益，代币只是其中的一种。我们看一下“通证”“数字货币”“代币”三者之间的内在逻辑关系。

通证的含义：

（1）代币：基于 IAO，通过某个加密资产的主链发行的子币。

（2）资格：Token 包含积分、证书、财产、契约等资格。

（3）权益：Token 包含任何有价值的权益证明，比如所有权、分红权、消费权、经营权等。

数字货币：例如比特币、莱特币，它依托的不是价值背书而是共识。挑战了传统货币概念。

代币：很长一段时间内对 Token 片面的或者说错误地翻译成代币，它类似于货币，但限制使用范围，不具备通货效力，Q 币、游戏币也是代币的一种。

从某种意义上来说，Q 币、游戏币、各企业发行的用户积分、商场会员卡等都是原始的通证。都是一种数字化的权益证明，但是没有密码学的应用，流通上也受到限制。

所以，“币”代表价值，“证”代表权益，通证可以代表任何权益。拥有这些 Token 能够获得对应的服务。

从某种意义上来说，区块链确实不需要代币这样的东西，因为它的运作是基于通证的，有了对应通证就能享受一定的服务。而区块链节点是支持通证的，只要有通证就可以使用服务，随着时代的发展，也可能存在没有通证可以使用一定权限内的服务，这需要将来才会知道。但是有一点可以肯定，那就是山寨币如果没有落实具体应用，没有合理使用的价值，那么慢慢归零是必需的，通证是区块链发展到高阶生态的产物，通证经济则是通证基于区块链技术进一步推进的结果。

另外，通证与代币有本质的不同之处，首先，币圈建立在吸收用户上，将用户缴纳的ICO款项变成其发行的代币上，很少有发行机构主体会考虑要建立一个优良的通证系统，这存在许多风险。通证是资产证券化，鼓励大家将自身所拥有的权益都进行通证化，包括资金、房产、工资、股票、合同、证书、积分等你认为有价值的资源，并将其放置区块链上进行流通，让市场自动检验其价值，还可在生活中进行验证和消费。总的来说，币圈发币要进行募资、预售、交易、流通四个环节，而通证上市也需要进行预售、交易、流通。但是否募资是币圈与通证最大的区别。

其次，代币对区块链的使用，更侧重于区块链技术，而非通证背后的价值，通证则不然，通证经济系统基于固有和内在的价值，在现实生活中用区块链进行交易、消费、验证、流通并服务实体。区块链对其来说是一种服务实体的手段和媒介，优良的区块链系统中颁发的所有通证都应立足于实体经济，为实体经济服务。

所以，想要真正认识通证经济的魔力，需要先跳出代币的误区，认识它真正的数字经济内核，它和代币有本质上的区别。

通证的“通”“证”“值”

通证包括三要素，它们是“通”“证”“值”，这三点分别对应流通、权益、加密。

第一要素“通”是指可流通，包括使用、转让、兑换等。一个凭证在公司内部使用和全社会流通具有完全不同的性质。为什么能流通呢？因为它具有第二要素——证，它可以被识别和防篡改。我们现在敢于接受人民币的流通，某种程度上因为人民币具有很高超的防伪技术，有很多人把区块链比作比特币的防伪技术，某种意义上是对的。通证的第三个要素“值”在于它的价值，通证作为价值的载体和形态，背后有可能是股权、货币，也有可能是承兑汇票、物权，多种权利都有可能。通证的这种价值属性，其实来源于社会对其价值背书方信用的认可，所以笔者又将其称为社会共识。

为什么说通证就是“通”“证”“值”三者组成的统一体呢？

“通”和“证”是通证的本质属性，证的可信度代表未来的某种权益；通代表流动和通用，代表未来可以在二级市场上进行交换。但是，光有权益和交换就可以了吗？一定还需要第三个因素的参与，那就是“值”。值代表价值，一个能够交换的权益如果没有价值，似乎也没有什么存在的意义。因此，通证还需要一个非常重要的属性是“值”，这个属性从理论上讲不是必需的，但在现实商业中没有它，就没有通证存在的意义，即要具有经济价值，人们为共识信任，愿意妥协和付出代价。通证三要素：通、证、值，缺一不可，前两者是必备要素，后者是是否具有商业价值和存在的意义。

区块链技术的本质，在于用技术建立信任，促进人类尤其是陌生人之间大规模协作。在这之前，只有宗教活动能够促进彼此互不认识的人自动自发地为同一目标积极工作，但区块链一方面通过公开账本建立起陌生人之间的信任，另一方面又通过通证激励使得每个参与创造价值的角色都能公平分享价值，从而提高系统活力，群体协作得以高效实现。

通证，顾名思义，就是通行证，这种具备货币属性的新事物拥有极强的流动能力和穿透效应，能够做到最大限度的资产证券化，使资产更有效地流动起来，更好地支持个人事业与促进整个社会发展。

通证经济很复杂，当把它拆开来看并结合生活，也就没有那么神秘了。依托区块链诞生的通证经济，就像生活中的房地契。

一份正式的地契通常包含多项内容：立契人、受契人、土地说明（四方边界和所含税亩）、典当或出卖原因、立契手续、土地所有权说明、双方的权利和义务、土地附产说明、上手契的处理说明、官颁契与契尾，最后是写立文契的时间、卖户、中人（民间介绍或做证的人）签字画押。

地契包含的内容：土地使用范围确立；土地的权益确立；地契所有权转让变更；为地契确定法律效力等。把土地转化为一份地契，而这份地契具有可信（法律效力赋予的）、可流通（地契抵押、买卖等）等特性。

地契中的可信和可流通性，正好符合通证经济的“证”和“通”两个要素。“证”：要具有可信度，代表某种权益；“通”：代表的是流动性和通用性，能够在二级市场上进行交换；但通证较之于地契有了更大的提升。

首先，通证更可靠，通过区块链利用加密算法与分布式记账机制，让通证具有了可追溯和不可篡改的特性。这种基于机器的保护、数学的共识，以及分布式的系统，比任何基于人控制的中心化系统更为可靠。

其次，打通了传统边界。当对传统资产和权利进行通证化，比如股票和债券等资产以通证的形式存在于区块链上，这个价值网络就可以突破传统边界，逾越现实世界和价值网络的鸿沟。

最后，一切可通证化。通证的终极是通证一切，如对资产、行为和权力的资产化，产生一种突破数字实体边界、不受原有系统限制的处置资产的能力，让一切有价值的东西都可流通交易。

通证的这种升级，能够诠释其具备重要的三要素——“权益、加密、流通”。

通证不再局限于令牌或者代币，更加代表了使用权和收益权，成为可流通的加密数字凭证。

第一，权益要素。通证必须具有权益属性，必须是以数字形式存在的权益凭证。当然，这里的权益是广义的，它可以是一种证明、某项功能、合法权益、支付能力等。也就是说，它拥有可以实现的固化在其基础之上的内在价值，必须代表某种权力，是经济价值共识的体现。

第二，加密要素。这一点是基于密码学之上的保障，决定通证是真实的、难篡改的、拥有保护隐私等能力。可以说人们对通证的信任，很大程度上源自对加密技术的认可和信任。每一个通证，都是由密码学保护、具有唯一性的权利，是不可复制的，也就是说，实现的是价值的传递。

第三，流通要素。通证需要在网络中自由流动交易，随时随地可以验证。流通我们可以从两个层面来看，第一个层面是在通证经济系统中的流通，这是它固有的要素和能力。这一层在通证经济系统设计中已经固定下来，在这个系统内它能够流通使用。第二个层面是市场上的流通，在这里可以实现一个个交易对，通过交易平台实现场内交易。

“权益、加密、流通”三个要素构成了通证的基本面，通证就是这三者所组成的统一体。

通证的作用

通证发挥作用也是一步一步发展起来的，不同时期发挥的作用不一样。比如，通证1.0时代，主要是用来融资，分配主要集中在团队、基金会、融资、早期激励等。可以说，通证在这个阶段，对于项目的核心作用就是融资。到了通证2.0阶段，行为挖矿让用户成为利益相关方，主要用于激励早期注册用户和邀请行为，以便帮助币乎尽早形成网络效应。激励内容创作和发现，也就是常说的写作赚币和点赞赚币。这个时期通证把用户变成了利益相关方，自发维护社区氛围。到了通证3.0时代，才开始实现全生态、全闭环，通证使得每个人都可以成为区块上的贡献者，同时也是每个区块的享有者和数据受益者。人们真正能实现资产上链，在一个大的底层框架内构筑各式各样的应用，打造一个无信任成本、具备超强交易能力、风险极低的平台，可用于实现全球范围内日趋自动化的物理资源和人力资产的分配，促进科学、健康、教育等领域的大规模协作。

通证与互联网最大的区别也就在此，互联网技术实现了信息之间的传递，但区块链通证技术实现了价值的传递。无论谁使用我们的数据，都要支付相应的 Token，如此就实现了价值之间的传递。

在通证经济体系里面，有两个核心要素。一个是所谓的经济体，就是我们当下看到的实体经济，包括新型经济、用户、智能合约和产品服务；另一个是交易平台，例如，过去的以物易物，必须有一个公共公平的交易平台，未来持有的 Token 所享有的服务，是要通过平台进行交换的；那么用户有了区块链技术，有了 Token 可以随时了解信息，了解合约的运行情况，而且对于每个合约可以自己进行点评，通过推广来获取激励。

通证改造不是解决一个商业模式以及激励机制，而是将实体经济与区块链技术甚至数字技术相结合，形成自己的商业生态，这才是真正的通证经济改造或者说链改，也是通证的真正作用。

通过 Token 经济改造，将企业的资产收益权以 Token 的形式进行发行，然后全球都可以在公开市场上购买、持有和流通 Token 以此来支撑实体经济的发展和运营。未来 Token 会像股票一样，成为我们每个用户的权益或者分红的权证。

同时，通证还代表一切权益证明，从身份证到学历文凭，从货币到票据，从钥匙、门票到积分、卡券，从股票到债券，人类社会全部权益证明，都可以用通证来代表，通证的具体作用有哪些呢？

第一，支付作用。

支付作用是通证存在的基础。不管是哪个类型的通证，自带流通的属性都能使其在约定场景中实现交易支付。例如，在交易所的交易支付、ICO过程的众筹支付、个人之间的钱包转账支付等。

第二，证明作用。

通证作为区块链技术的一个载体，本身具备不可篡改性，所以当购买了某个项目的通证，就会自动获得该通证附带的价值承诺和真实有效的权利，系统不会怀疑你通证的虚假性。

第三，智能作用。

未来智能设备能够通过智能物联网代替人处理一些日常工作。例如，汽车可以自动订购汽油、预定检修服务或清洗服务。冰箱可以自动化订购商品，甚至空调和冰箱可以谈判如何错峰用电。通过通证可以在一个分布式的物联网建立信用机制，利用通证的记录来监控、管理智能设备，同时利用智能合约来规范智能设备的行为。

第四，资产兑换和转移作用。

在游戏或某些行业，消费者会累积很多虚拟资产（点数、积分、奖励、装备、战力等），消费者希望能方便地将虚拟资产兑换或转移。比如游戏玩家希望游戏虚拟资产能从一个游戏转移到另一个游戏，或者玩家之间能够相互兑换这些虚拟资产。采用区块链的方案，可以实现虚拟资产的公开、公正的转移，不受第三方影响，自动到账。

第五，产权登记作用。

包括不动产、动产、知识产权、物权、租赁使用权益、商标、执照、许可、各类票据、证书、身份、名称登记等在内的产权登记，都可以采用通证来登记，以保障公正、防伪、不可篡改以及可审计等。

第六，社区纽带作用。

通证是维系社区的纽带，统一了社区参与者的方向一致性，以利益共同体的形式把所有人紧密联系在一起，所以有了通证才会形成社区的共识，如果没有社区的共识，就没有区块链的存在。

除了以上六点外，通证的应用领域会不断扩大，将会覆盖人类社会生活的方方面面，在各类社会活动中实现信息的自证明，不再依靠某个第三人或机构获得信任或建立信用，实现信息的共享，包括在司法、医疗、物流等各个领域，区块链技术可以解决信任问题，提高整个系统的运转效率。

通证是区块链最有价值的应用

我们之所以说区块链的本质是通证，因为有一种逻辑：离开了通证，区块链技术将一文不值。区块链本身缺乏价值，但通证自带价值。因为，通证承载着价值的量化互联。区块链与互联网本质上都是一种传输技术，互联网是做信息的传输，它实现了信息的高效传输；区块链则是做价值的传输，它通过通证实现价值的量化互联。

那么，什么是价值？

在传统的价值体系中，只有被记录在账本上的事物，才可以进行价值交换，进行流通。所以，记账是产生财富的基础。但是现实中，绝大多数事物无法被量化，可被记录的事物是极为有限的，但是“Token”可以。Token 的神奇之处就在于，可以将实体资产、虚拟的数字资产，通过数字的方式进行记录。比如，现在已被记录的，比较常见的有门票、积分、合同、证书、点卡、证券、权限、资质等。

在这个时代，可以说什么东西都有价值。房子、车子这些众所周知的有形财富自不必提，无形资产也是价值，商业模式也是价值，数据也是价值……以数据为例，对个人来说它可能不值钱，但是那些火得一塌糊涂、赚得盆满钵满的大公司，从源头上说都是靠公众的数据生存与盈利的。所谓的大数据，其实是公众的大数据。

有了区块链，有了 Token，这一切将改变。在区块链进一步发展的将来，或者说在当下，人们已经实现了部分资产上链，任何有价值的资产均可上链，都可以量化为相应的 Token。比如我们的数据，我们把它加密后放到网上，谁也别想窃取，但是如果有人愿意付出相应的 Token，使用一下我们的数据，那通常来说也没什么不可以。

如果之前公众的个人信息形成大数据为一些企业服务，被他们擅自利用甚至非法买卖，那么，未来，这样的事情将不再发生，因为相应的漏洞不再有，通过区块链对数据进行确权，消费者将从传统的被动的产品消费者和使用者，变成数据的持有者。人们与互联网巨头的用户关系也会发生改变，这是一种生产与关系的改变。得不到用户的认可，不把相应的收益分享给用户，巨头将拿不到用户的数据，即使拿到了也是非法的，最终只会得不偿失。

另外，价值需要流转，只有流转才能彼此受益，这是众所周知的事情。过去的价值流转单位实际上是钱，比如人民币、美元等。钱构成了价值流转的核心，以经济作物咖啡为例，普通人生产咖啡，咖啡店买进咖啡并提供服务，普通人再从咖啡店买咖啡。咖啡店买进咖啡再售出的过程中，钱发生了流转。在这个过程中，生产咖啡的人总想把价格提高些，喝咖啡的人则希望尽量便宜些，咖啡店则希望低价买进高价卖出，这三者的利益表面上看是不一样的，但因为他们在同一条链上，根本利益还是一致的。比如，当咖啡店想方设法以较低价格买进咖啡时，种咖啡的人会很受伤，他们获取的报酬变少后，去咖啡店喝咖啡的次数也会减少……有的时候，市场自己能修复这种不平衡，但有的时候必须由政府出手，如咖啡店以不合理价格收购咖啡时对其课以重税或法律制裁。但政府也有无能为力的时候，国内也好，国外也罢，农产品滞销的新闻经常见诸各大媒体，难道是这些农产品没价值吗？肯定不是。

再如，据世界旅游组织(UNWTO)公布的全球出境旅游行业的调查报告显示，在2017年，全球很多国家境外旅游消费的数据都非常正面，一片大好。事实上，我们也经常看到诸如“没有中国游客，韩国商业萧条”之类的报道，足见跨境旅游多么普遍和重要。同时我们也发现，个人境外支付通兑非常不方便，费用高，额度受限，便捷性很不好。而Token，在可期的未来，它可以让全球资产数字化，也就是Token化，并随即流动起来。还是站在全球视野上说，在某些国家和地区，某些区块链项目已经推出了实用的方案，局部地化解了这些问题。普遍化与优化迭代，都只是时间的问题。

Token是区块链技术最巧妙的实践，是人类社会与机器智能网络交互的最重要的协议和数据载体：人类社会的商业场景，必须转化为区块链层面的数据和价值，来驱动计算机执行。

诚然，目前大部分的Token都价值存疑，但是在未来的图景下，机器人来服务人类所有的商业行为甚至生老病死，Token就是最起码的门票和语言。创造一个好的Token，几乎是人类被机器排挤出生产活动之前，能够做的最有意义的事情。

什么样的“Token”，才是终极模式？

为了方便理解，下面以某平台为例，成立一个社区是为代币投资者量身打造的垂直社区，优秀内容通过 Key 点赞投票竞选出来，平台通过合理的制度设计，让贡献者获得应有的回报，以鼓励更多正向行为，形成良性循环，促使平台加速发展。

目前的 Token 主要分为三类：

第一类，应用层 Token，这样的基本占整个市场的 95% 以上。

第二类，中间操作层面的 Token，比如 QTUM、NEO 等，这样的项目类似于操作程序，叫基础链，用来跑应用的。这类 Token 相对来说比较少，只有不到 5%。

第三类，做更底层的，比如 CZR、ABT 等，但是这类的非常少。

有专家说：区块链是一个分布式商业的最伟大的实验，所有的产权是开原的，所有的组织机构是非营利的，没有股东，没有董事会，没有管理层，什么都没有，是一个“八无”公司，但是它运行了九年时间，每秒钟都在发生着交易、汇兑、支付，没有出现过坏账，系统没有出现过宕机。

在一个无人监管的自由生长的生态系统中，这套系统平稳运转，并不断增加价值。自生态为何能自行生长，并不断增值？其背后的秘密，就来自“Token”，这就是真正有价值的 Token 的魅力。它能够彻底激活每一个人的潜能，在这个自生态系统中，所有人都是利益共同体，为了共同的目标而努力。

阿里巴巴的合伙人曾鸣也认为，Token 本质是一个利益机制，促使

“大家愿意主动合作”。

现在，很多区块链平台都可以通过集成数字身份，使智能资产在不同的数字身份中进行各种安全的转移。Token 的价值并不是去颠覆，而是让大家多一个选择。我们本来只能用中心化系统去完成一些事情，现在突然多出一种选择，何乐而不为呢？更重要的是，这只黑天鹅非常年轻，从诞生到现在不过十年，下一个超越 BAT 的存在可能就在区块链领域诞生，我们一定要去研究它、拥抱它。所以，与其说区块链是一种颠覆，不如说它是一种选择。

区块链通证经济的未来展望

区块链的威力在于创造一种新的协作关系。在中心化系统里，处于权威地位的中心，一方面与普通用户之间相互依存，另一方面又在很多地方是博弈的双方。因此，中心权威往往利用自己的权力和技术优势，施加各种限制、监管、执法手段，动用各种先进技术对他们不喜欢的行为实施围追堵截，猫鼠游戏延续数千年，至今我们依然能够在那些强大的互联网公司的商业模式中清楚地看到这出戏码。而在区块链体系中，没有中心化权威，没有人举着鞭子到处吆喝监管，但整个生态圈居然能够按照一个行为规范相互协作，秩序井然，欣欣向荣。何以能如此呢？奥秘就在于通证（Token）。

在通证这个翻译诞生后，Token 进入了第三阶段。通证派的理念实际上是把 Token 的内涵扩大化，Token 不再局限于令牌或者 ICO 代币，还具有使用权、收益权等多种属性，区块链加密技术可以保障所有不可篡改的符号都作为通证，比如一张银行承兑汇票也有可能作为通证发放给相关用户。

从这个角度来看，通证已经变成了一个经济学术语。很多人在纠结Token是不是翻译成代币更好，又或者翻译成通证更好，其实这种纠结已经没有意义了，换句话说，通证已经不是原有技术用语的翻译，而是被全新创造的名词，有着与以前的Token完全不同的经济学含义。

每一个发币的区块链项目，都是试图以其所发行的币（通证）作为一种经济激励的工具，促进生态圈内各个角色的协作。你的贡献越大，你得到的币越多。大家协作得越好，币价越高。因此，每一个发币的区块链项目都在试图设计一个通证经济系统。

通过通证进行经济和经营管理，来吸引并黏滞客户，形成稳固的利益链，这几乎适用于所有产业。所以，区块链项目的核心一直是通证经济系统设计。这是技术人员应该重点研究的领域，也是投资机构考量项目是否靠谱的重要依据，还是未来社区是否足够壮大的根本。因为区块链社区的核心理念人人参与，人人获益，共同壮大社区。将这一理念适度延伸，就可以大幅降低很多经济活动的参与门槛，润滑交易，降低交易成本，激发创新，重构权益结构和利益分配，使得原本处于博弈甚至对抗的各方重构彼此关系，化博弈为协作。因此，通证经济虽不是区块链唯一的应用，但目前以及未来，都将是最重要的和最主要的应用。去通证的区块链也可用于多个业务场景，但不去通证的区块链更有升级潜力。

遥想未来，通证经济发展到高级阶段，人类经济社会将发生重大改变。因为我们早就说过，通证可以代表一切权益证明，一切资产都可以上链，不论物质还是虚拟，不论有形还是无形，从身份证到学历文凭，从货币到票据，从钥匙、门票到积分、卡券，从债务到收益，都会明明白白地体现在链上，每份通证下面也都会对应实实在在的产品、服务、资源和权益，只要相应的法律和政策监管措施跟上并且到位，那些劣质的通证以及劣质的人一定会被驱逐出去。

伴随着区块链概念的发展，很多新思想、新术语、新缩写不断涌现，比如 BTC，很多人都知道，这是比特币的英文缩写，不过近来它有了一个新的含义，也就是 Blockchain+Token-economy+Community，即区块链账本 + 通证经济系统 + 社区型组织的 BTC 新商业组织形态。

首先是区块链账本。它是区块链技术的核心，这种分布式记账架构与公开、透明、可信的记账方式，使得陌生人之间能够快速建立信任，进而完成协作，可以大大提高人类群体协作的效率。未来的 BTC 组织，也必然要做到这一点。

其次是通证经济系统。区块链变信息互联为价值互联，个中关键就在于 Token。它是价值互联网的价值媒介，也是大规模群体协作的激励媒介，指向的是自金融和自组织，前者使得每个个体、每个组织都可以基于自己的生产力和信用发行“信用 Token”，后者通过 Token 激励让每个价值创造的参与者都可以公平地分享生态成长的增值，让传统组织边界柔化，让个体更自由，让组织更强韧。

Token 是区块链的灵魂，没有通证经济系统的区块链项目是没有吸引力的，但通证经济是一个相对复杂的命题，需要充分考虑到货币、激励、治理等关联问题。理想状态下，每一个区块链项目都要打造一个自金融经济循环模型，传统项目也需要根据自身特点，早日上链，打造一个基于通证的利益共同体组织，依靠组织的力量在未来的激烈竞争中生存发展，并不断壮大，实现无边界生长。

最后是社区型组织。一个区块链项目能否成长起来，关键在于社区。无论一个企业未来是否上链，建立社区型组织都是必需的。阿里、腾讯如此强大，就在于前者有大批“剁手”级用户，腾讯也有QQ与微信两大社交工具积累的无与伦比的人气，京东正在走自己的路，聚自己的粉，刚刚上市的小米，其高速成长与其重度运营小米粉丝群体也有很大关系，尽管广大“米粉”未必分享到了小米高速成长带来的市值回报，但“米粉”还是在小米的产品打磨、市场推广等方面做出了不可磨灭的贡献。只不过在现阶段，上述任何大公司的用户都只是被动参与者，处于绝对的被支配地位，并没有被真正当成利益共同体，所以他们的潜力只是刚刚被引爆。谁能够看到这一点，并恰到好处地运用，抓住共有、共治、共享的社区型组织本质，谁就会成为下一个成功企业。

总之，伴随着区块链技术的成型和相应思维的冲击，任何组织都需要调整乃至扭转自己的经营模式，都需要从原来的零和博弈思维，转换到协作共赢频道。你可以不做公链，不做钱包，不发通证，但必须重新定义自己与消费者、供应商、代理商、投资者之间的关系，必须打造自己的BTC组织。

第六章　区块链与直销

“区块链 + 电商”给直销行业带来的机遇

对于直销，世界直销协会是这样给予定义的：直销是指在固定零售店铺以外的地方（例如，个人住所、工作地点或其他场所），独立的营销人员以面对面的方式，通过讲解和示范方式将产品和服务直接介绍给消费者，进行消费品的行销方式。

直销最早起源于 20 世纪 40 年代的以色列，由犹太人卡撤贝创立，后在美国得到真正的发展。第一家采用直销方式经营的公司是健尔力，即后来的纽崔莱公司。他们以销售维生素丸为主，采用多层次酬金分配制度，每个直销员的计酬方式不再局限于他本人的销售额及其直接吸收培训发展的直销员，由他发展的直销员所发展的其他更多的直销员销售的货物也将在一定程度上计入他的名下。这被称为多层次直销。

直销行业本来是一种非常节约成本，减少中间环节的营销模式，但却随着直销行业不断发展，加入的人良莠不齐，导致问题也日益凸显。很多加入直销的销售人员为了冲销量，不但夸大产品功效，偏离了营销正确的方法，误导了消费者，同时为了让直销“金字塔”上的高层领导不堪重负，他们为了业绩而大量囤货。最终形成的局面是，加入容易赚钱很难，卖的不是产品和价值而是“拉人头”的制度，加入直销的会员都变成了赚了热闹赔了钱，甚至还有一些不法企业打着“直销”的幌子从事“非法”事件，这样无形中就扰乱了市场秩序，致使很多人对直销这个行业不再信任。

如果抛开这些扰乱市场的直销企业和直销带来的“非法”事件，辩证来看，直销作为一种比较成熟的营销方式，它的发展程度标志着一个国家营销发展的水平。因为，直销是人对人的营销，最直接也最有效。尤其随着电商平台的兴起，生产者的利润被压缩，许多厂家也开始寻求直接接触消费者的方法，再加上消费习惯、地域文化、社会经济发展基础等诸多因素的改变，依赖人际接触的直销网络已经开始重新崭露头角。

为什么说“区块链＋电商”会给直销行业带来机遇呢？

因为，社交电商作为基于互联网建立的社交关系网更适应现代人的生活节奏和生活场景，社交电商利用直销的分享精髓在线上实现高速裂变。直销属于熟人社会的线下社交，更具备黏性，但拓展慢，而社交电商则是陌生人社会的线上社交，更擅长拓展，但黏性比较差。直销和社交电商存在优劣势互补，社交电商有去中心化、场景丰富等独特优势，用户既是购买者，也是推荐者，“直销＋社交电商”可以实现线上线下优势互补，它将有力地促进直销行业的发展。

随着数字化经济的不断发展，未来的直销将是“区块链＋直销＋社交电商”的模式，直销行业的最终走向可能是“区块链社交电商”全域新营销模式，以区块链社交电商重构“人”“货”“场”。

区块链技术的伟大之处在于体系自身包含赋能经济的激励手段，区块链的特性和直销很匹配，它的激励与直销有异曲同工之妙。

直销和区块链一样，没有中间环节，直销是适合平凡人“轻创业”的机会，今后的直销将是高度充分的线上线下二维市场，直销员的职能将逐步被线上工具取代，今后的直销将是“掌上直销”。

“区块链 + 直销”的理念是把直销会员制和区块链的 Token 激励相结合，通过直销员对产品和平台的推广，获得应有的奖励。

“区块链 + 直销”将是数字化的“人”“货”“场”，它将打造行业“诚信之石”，区块链社交电商平台将不同空间的人网聚在一起，更加适应人们的生活节奏和生活场景，使营销场景不再孤单。

区块链作为一种新型的底层技术，通过分布式数据的存储、点对点传输、共识机制、加密算法等技术特点，可以使当前直销企业以互联网为基础设施的奖金制度，效率提高 10 倍以上。

它不但可以有效地提高处在直销企业供应链末端的直销系统的运营效率，还能有效地提高直销企业从产品的研发、生产、销售、服务等全供应链的运营效率。更重要的是，区块链的立足点不再是知识分享而是信用传递，它可以在区块链系统中实现不同节点之间建立信任机制，从而有效地改善直销企业的生态系统。

最具发展空间和想象力的，要数区块链特有的“通证 Token”激励制度。区块链的技术变革，改变了生产要素的组织模式与收益分配方式，是在多方协作下基于通证化实现激励共融的非零和博弈。因此，如何设计一个健康的、良性生态循环的企业通证将是非常值得探索的领域。

区块链技术为传统直销行业赋能

直销行业的最大优势是去中心化，做到人与人直接交易，省去很多中间环节。互联网的本质也是如此，想要加速资讯的传播，从而实现去中间化，近年来比较火爆的概念 F2C 就是直销思维，希望 F 可以找到 C，C 也可以找到 F，大多数人想做 F2C，但却很难突破，原因很简单：

想做 F2C，最重要的是工厂端是否有竞争力；其次，摒弃中间渠道的同时，如何获取 C 端用户；还有，线上产生的 C 端用户，如何产生服务；最后，是否有足够的实力，让这四点能够持续下去。F2C 的核心是用户的传播和分享，带来更多的流量，那么产品、制度、文化是否能让用户愿意去分享，并给他们带来利益，才是最重要的事。如果能够真正做到去中间化，那么也就是直销行业发挥优势的时代。F 端足够稳定，C 端用户足够多，只需要 O2O 的方式，将这些 C 端对接到 F 端，便可以不断累积市场。

区块链的基因正是去中心化，让每一个人掌握的信息对等，从而实现公开、公平、公正。区块链不是代币，而是一种可以让任何人都无法作假作弊的技术手段，未来会有无数的应用场景。

无论是做服务还是做营销，无论是直销还是其他营销，其生命力都是诚信。区块链之所以能够为直销赋能是区块链的技术应用可以发挥追本溯源、规避市场乱象的作用，让我们的产品从种植开始，到仓储，到生产流程，再到各个流通环节，都可以利用区块链技术达到可追溯的效果。以保健品直销为例，如果该产品能够从各个环节溯源，就会赢得消费者的信任，从而让人们对保健品直销行业的印象从不良渐渐扭转。

直销是通过人际关系传递信任的交易行为，在这个行为中假如我是A，我今天把一个产品发给了B，B觉得这个产品不错，买了一个，然后又发给了C。这个过程中B基于对我的信任买了产品，这种相互推荐的关系是由直销公司来充当“存储器”的。那么，这种关系是存在于区块链上面，还是存在于直销公司更让人信任呢？当然是区块链更客观一些。所以，当B买了A的产品的时候，记录了一个信任行为（形成一串代码即Token通行），A获得一个通行Token奖励，即挖出有价矿石，同理，B可以向C、D等发出智能合约，区块链是不可逆转的，不可篡改记下的账本。这就是区块链在直销中的应用。区块链是以时间为顺序的分布式记账的数据库，不可逆，不可篡改，公平、公正且匿名。所以直销如果链上区块链则更稳定可信。

另外，区块链让直销企业的合约有了保障。如果一家直销公司经常修改制度，就很容易流失人才，因为这破坏了双方之间的契约。理论上，每个人，每个品牌，在区块链网络里的行为都有Token记录，也都可以发行代币。所以，一家公司通过A和B之间转发的信任记录就可以让Token资产证券化。这时候，每个人手上拥有的积分都变得有价值。有的人说，我公司现在也在发积分，为什么不行？因为这是没有保障的，但在区块链上就不一样，区块链上的记录是没人能改动的。区块链的本质是不以权威组织来执行，而是以机器来执行合约的信任网络。企业链接上区块链可以更好地激发市场，除赚奖金之外，既可以赚Token，还可以增值，这样一方面可以激励公司的团队，另一方面也可以激励经销商。

在区块链社交生态，直销人员属于高连接群体，他们有机会接触更多的人，卖更多的商品，获得更多的利益。区块链技术可以为直销人员提供一个全链路，可信数字生态的“接触点”，有助于直销人员实现精准营销，实现价值链接。通过产品信息上链，将增加品牌公信度，通过会员上链，将更好地体现通证经济“社交激励”的功能。

直销行业的生命力在于底层有无数的力量，直销的培训制度，粉丝的忠诚度和黏性是行业顽强的生命力。而区块链技术带来的信任和可追溯，恰恰能够让粉丝更忠诚，产生更大的黏性。

区块链直销系统与社群化营销

区块链技术具有三个重要的特征，分别是去中心化、公开透明和不可更改性。而直销系统正好符合这三个特点，才使得区块链和直销结合得更加具备可能性。所以，在开发区块链直销系统的时候也就产生了“区块链直销系统”。

虽然冠以区块链直销系统，但本质依然是直销系统运用了区块链的技术而已。当去中心化和不可更改以及公开透明成为直销系统账单的使用，就会使直销会员对直销企业和产品产生更大的信任度，同时增加了会员对账单的监管权利，这样就容易吸引更多的会员，也会使会员的收益得到保障。

仅仅依靠区块链技术来实现直销系统的运营还不够，未来将会出现社群化的营销模式。

随着移动互联网技术的发展，从流量经济转变为信任经济。未来的商业模式是基于人而非产品，基于社群而非广告和推广。换句话说，我们的思维必须从产品思维进化到用户思维。社交新电商、直播新零售正在悄然兴起。未来，机会就在社群里，而不是在别处。

未来想销售什么产品，就要组建什么样的社群。某电视购物主持人组织了 40 个线下的购物群，已经有六七年的活动史。这个群里的人年龄都在五六十岁以上，群主就选择了与这群人息息相关的产品。例如，严选的老花镜；疫情期间抗疫 1 号的中药代茶饮；各种按摩仪、助眠仪、保健产品等。有统计，这些群人均购物额是 5000 元。除了微信群、微信小程序、QQ 群，我们熟悉的网络论坛的讨论组，淘宝店铺的粉丝，都是通过社交软件，做到及时沟通，都属于私域流量，也属于未来直销的营销模式。

对于商家来说，要想持续获得收益，最终都需要把这些用户导入自己的私域中去，要不然就流失了。如果是以线下为主的品牌，一定要考虑线上引流到线下，在线下做好本地化“最后一公里”的体验与服务。

直销要想持续发展，离不开社群化，同时“社群 +”才是未来的主要趋势。

从长远来看，5G 的来临使带宽提升，视频对于传递信息的能量来讲，远远高于图片、文字。直销带来的“去距离感”，所以，直播对企业起三个作用：品牌传播、建立与客户互动的通道、维护粉丝。总体来说，直播对于企业还属于公域流量。要想实现持久流量的价值，就要引入自己的私域流量，比如社群就是私域流量。社群作为企业私域流量，得用服务或者深度的互动来做流量，转化为真正属于你的用户。在5G时代，你可以选择抖音、快手这些直播平台来吸引流量。然后用社群来沉淀、互动，结合场景来保障，使弱关系转化成强关系。无论时代怎样变迁，零售的本质都离不开人、货、场，商业归根结底就是企业跟消费者的关系才是最终的目的，其余的一切都是手段。而社群打造的强关系，才是可持续的。

未来人们的时间碎片化，需求个性化，必将催生消费的全域化和小众化，未来的产品和商业不是满足一群人，而是要通过满足一群人来满足一类人，这就是社群的价值。社群通过满足一群人，在这一群人心目中成为品牌，之后通过这一群人，满足这群人背后的诉求或者消费特征相似的整个一类人，这才能找到社群的盈利空间和商业机会。因为沟通的便捷，你的社群里面可能有100个人，但是完全有可能通过这100个人影响到一万人，十万人，甚至更多。

未来的趋势就是“区块链的技术+直销的模式+社群顶层设计”，“IP+社群+场景+分享”。很多社群运营比较好的企业，其背后的逻辑、核心要素就这四点。打造IP带来流量，才能有粉丝，才能把人聚过来。有了需求，你才能把弱关系转化成强关系，把客户变成粉丝，把一群人聚起来，然后想方设法把这群人的能量或价值激发出来，最后实现分享和裂变。社群要应用到分享经济这种模式，社群有福利效应，这是社群最大的价值。

第七章　区块链+医疗：解决行业痛点

区块链技术对传统医疗的影响和变革

医疗事业关乎每一个人的切身利益，医疗健康发展是否顺利直接影响每一个人，因为所有人终其一生都会和身体健康打交道。医疗健康是一个重要的领域，也是一个非常关键的领域。如果能以一套系统来支持医疗健康事业向着更快捷、更安全、更人性化的方向发展，绝对是一件利国利民，功在当代，利在千秋的事情。

传统医疗健康产业存在不少亟待解决的问题，比如，一是优质医疗资源分配不均导致看病难且耗时费钱；二是信息不对称、过度重复医疗、跨境的优质医疗资源没有互通的桥梁；三是信任缺失，结账的效率低，这是医疗健康领域最主要的痛点，体现在医生和医生、医生和医院、医院和病患之间信息不通畅，彼此之间缺乏信任。

传统医疗行业一直有很多问题，也需要不断完善。区块链的出现之所以为医疗健康产业带来影响和变革，主要是对于医疗健康领域的数据信息实现了有效记录、管理和追踪。

另外，医疗行业的发展对人类社会的影响最为直观。随着人们对生命意识的提高，大健康产业也被人们广泛重视。长远来看，随着区块链技术的落地和日益发展，它将给医疗领域带来显而易见的革新，医疗机构、制药厂、保险公司以及所有人，都可以从中获利。

在医疗健康领域，不同医疗机构存储着大量患者的健康数据、药品来源等敏感信息。区块链技术可打通信任壁垒，实现医疗数据的分布式存储、管理和共享，确保数据不被篡改、损毁，更能利用匿名化等手段保护病人隐私。同时，通过规范医疗行为，可有效提升健康医疗服务效率和质量，推动健康医疗大数据应用创新发展。

第一，区块链技术在确保医疗数据共享的基础上还能保证信息不被泄露和篡改，提高了医疗协作度和数据安全。如今，包括电子病历、医保数据、健康档案等在内的所有医疗健康数据，基本上全部存储在公共卫生部门或者医疗机构的内部数据库中，因为涉及个人隐私，它们很少被共享和开发利用，但这并不意味着这些数据本身很安全，系统性的数据泄露时有发生。据报道，2015 年，美国第二大医疗保险公司 Anthem 就被黑客盗取了该公司超过 8000 万名客户和雇员的个人信息。同年，加州大学洛杉矶分校医疗系统遭遇黑客攻击，大约有 450 万份客户医疗数据遭泄露。类似事件频频发生，让医疗机构更加不愿意把数据放到网上或者分享利用，数据的价值由此很难发挥出来。区块链能够解决这些医疗难题，由于区块链是去中心化的机构，数据一旦上链便具有加密、匿名和不被篡改的技术优势，这些都能保证医疗数据的安全性和共享功能。

人人都知道得数据者得天下，大数据时代数据就是潜在的资源和价值，但个人健康数据个人很难去掌控，容易被别人转卖或利用。如果未来区块链能够将个人健康大数据授权建立、追加、分享，整个医疗行业的效率和透明度也会被重塑，个人在管理自己数据方面也会获得真正的发展。另外，由于管理不完善，数据无法追溯等原因，使得数据丢失，导致有些医院或医生陷入无病例可循、无资料可参考的窘境，也不免耽误患者的病情。引入区块链技术，则可以大幅缩减健康医疗成本，提高效率。一旦打开中国乃至全球的健康医疗方面的数据孤岛，最终受益的将是全人类，对整个行业的发展也起到不可比拟的促进作用。

第二，基于区块链“安全可靠”的特性，可以将病患的个人就诊记录、身体状况甚至基因状况等一系列生命体征形成一个评估系统。通过溯源机制，实现信息链上的来源可查，去向可追，责任可究。因此，区块链技术可以真正实现健康医疗更加高效、智能的愿景等。

第三，当前，医院医疗网的所有数据流都汇集到单一的中心控制系统，初时只嫌少，但随着数据的大量增多，成本的压力也会大为增加。去中心化的区块链技术不采用中心服务器架构，没有中心控制系统的压力。虽然有人说，如果医院医疗网节点太多，而每个节点都需要有区块的计算能力的话，对成本也是一个巨大挑战，但医院可以采取一种介乎于中央控制与全分布控制的折中方案，即将医疗网的节点分为两层，选择其中一层的少量节点按区块链方式工作，尽可能地利用其优势，规避其弱点。更何况随着区块链技术的发展，相应优势会越来越明显，相应缺点则会越来越少。

第四，减少患者重复检查的麻烦。目前很多患者都说在一个地方做了检查，拿到另一个医院，尤其是级别高的医院，根本不认可级别低医院的检查结果。这固然有为了患者希望检查结果更准备的一方面考虑，但无形中却给患者增加了负担和麻烦。一是重复检查的费用增高了，二是心理压力增大和频繁检查的情绪问题、时间成本增多。这样对于医疗资源来说也是一种浪费，虽然医生也有苦衷，没有权威的检查结果不敢妄下结论。这个困扰来自医院与医院之间信息流通不畅造成的实际不便。

如果应用了区块链技术，便可简化流程，使得信息流动更便捷，会大大减少患者重复检查的麻烦。可能会有人问，健康数据很敏感，需要有隐私保护，如果信息共享了，如何保护隐私呢？但区块链可以解决这个问题。因为区块链技术包括公有链、联盟链和私有链，其核心区别在于访问权限的开放程度。如与公有链上所有信息记录完全开放不同，联盟链和私有链可以预先设定具有特定特征的参与主体，具有权限控制和成员准入控制的要求，可以保护隐私。本质上，联盟链也属于私有链，只是私有程度不同。因此，区块链技术能够做到兼顾隐私保护与数据共享。当医生借助区块链，发现患者在此之前已经做过基础检查，就能简化操作步骤，大大提高诊断效率。

第五，提升医疗机构技术价值。由于区块链技术形成的闭环医疗网络，可以最大限度整合医疗机构的大量信息，实现医疗信息安全存储、安全流动、安全可控。为保证区块链平台的安全可控，未来还将不断提高区块链安全隐私关键技术水平，全面支持加密算法和标准，以满足业务数据的隐私要求。

区块链在医疗机构的赋能远不止上面这些，在打造未来生态大健康环境方面也会做出越来越大的贡献。这个话题在后文中会继续探讨。放眼全球，虽然目前区块链技术在医疗领域的应用仍显陌生，但有越来越多的国家看好区块链在医疗领域的发展。

在医疗健康领域，区块链可用于管理和归档纷繁复杂的医疗记录——医疗人员每天都要处理各种临床文件、发票，研究和诊断测试结果等，而区块链技术的应用却可以轻而易举地解决这个问题。因此，很多大型医疗企业都在思考如何使用区块链技术来提高它们各方面的工作效率。

总之，从方方面面来看，区块链技术赋能医疗健康产业，将是一项很值得期待，并且能够使多方获益的事情。

药物上链：实现药品流程透明化

假冒药品是一个公认的问题，它影响人们的生活以及制药行业的声誉和投资回报。据估计，每年在新兴市场出售的药品中，多达30%是伪造的，每年由于伪造药品而造成的生命损失约为100万（世界卫生组织2018）。

全球假药业务每年约为75亿至2000亿美元（Grant Thornton 2018）。美国的《药品供应链安全法案》（DSCSA）和国际上的《全球医疗保健可追溯性标准》（GTSH）都是为了保护消费者免受假药侵害而制定的。

医疗健康的根基是用好药，对症下药。而药品属于暴利产品，一些不法分子会在给人治病救命的“药”上动心思，才会有假药这种非法现象。所以药品防伪成了一个急需解决的难题，尤其是中药的真伪更是影响我国健康事业的发展。一旦药物上链，就可以实现药品流程透明化，使得药品防伪成为可能。如图 7–1 所示。

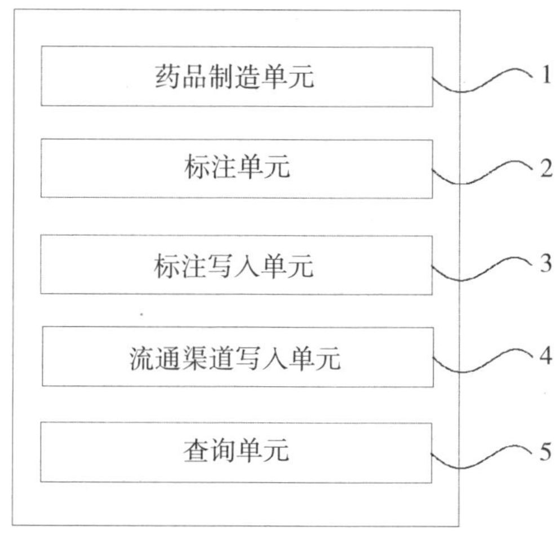

图7–1 药物上链实现药品流程透明化

近年来，国内药品安全事件频发，如 2016 年山东疫苗造假事件以及 2018 年轰动全国的“长生生物”疫苗造假事件，在药品监督管理制度实施了几十年后，依然有如此严重的安全问题出现，这充分暴露了我国医药行业中存在的两大问题：

第一，药品安全性难以保证，假药危害公众安全的事件频发，不易监管。第二，在国外大型制药企业都采用信息化管理时，我国大多数制药企业仍在众多环节采用人工的形式运作，这就导致了制药企业的效率低、成本高，而且制药企业的管理层无法掌握关键信息，无法将原料、生产、仓储、物流、销售等各种信息整合，严重影响企业的竞争力。

与编码防伪技术类似的是，对于运用区块链技术防伪的药品而言，在药品包装盒表面有一个可以被刮去的面，底下是一个特别的验证标签，这与区块链相互对照来确保药品的合法性。尤其是中药的防伪。中医是我们的传统文化及国宝，中医疗效的好坏在很大程度上取决于中药的真伪，但由于中成药品种繁多、种植地域广泛，真伪并不好控制，并且是一个一直困扰中医药发展的重大问题。有观点认为，目前中药的真伪已经严重影响中医的发展，中药的造假会极大地影响疗效，而区块链是一个良好选择。基于区块链技术的数据防篡改、可追溯、永久保存、历史记录有对应时间戳等特性，可以在一定程度上保证药品的来源的可靠和真实，并为假药追溯和查询提供证据；制造假药的厂家被查询出来后，还会被永久记录，使得造假成本大增，从而在一定程度上遏制造假活动。

具体药物上链如何操作呢?

第一步，贴一个区块链防伪标签，确保产品信息难以复制、仿制和回收，帮助企业建立商品的唯一标识，实时监控审核商品身份动态及商品流。比如，通过在药品外包装上印制或粘贴一个条码、二维码、RFID等，利用公共账本和不可修改的特性，提供实时验证服务，也提供一个公开透明的数据网络，用一种“技术契约”的方式来确保数据真实，实现一物一码，物码同追的可能。基于区块链的线上电子签约产品，签约过程中双方根据CA证书进行电子签名，签约一旦通过，合同内容和条款将在预定时间节点由平台流程自动控制执行，合约可靠有效，从而有效保护平台中签约各方的合法权益。

第二步，赋予追根溯源的权力。区块链能够为消费者展现完整的过程数据，同时也给监管层提供对于数据的追溯权力，以便产品在任何一个环节出现问题都能被追到责任主体。如此不但能够保证药品在制作和生产过程的关键细节，同时也为各个药企降低了信任成本和风险。如果药品上链，那么药品生产商、经营商、药店零售、医院、消费者都可追溯，在供应链的各个环节，逐渐建立符合区块链追溯的标准。可以通过改造生产企业内部生产线的方式把生产信息直接写入追溯码中，方便监管人员与消费者直接扫码查找药品源头信息，让药品“来源可查，去向可追，责任可究”。如果供应链上各方都能看到库存，并对药品分布进行审计，那么假药想鱼目混珠进入医疗市场将难如登天。而区块链带来的高透明度药品行业供应链，将有效降低由暴利诱惑引发的系列犯罪行为。

第三步，防止伪造和篡改数据。假如某药品企业试图通过修改自己的假药记录，在传统数据方面这是可以做到的，但区块链一旦被记录，系统其他成员的区块链数据该药品企业是无法删除和修改的。系统中的所有成员，皆可从问题药品的 ID 信息查询到自出厂以后的全部过程。通过分析回顾过程节点的质量数据，就可判别是生产质量问题，还是供应链质量问题。药品供应链数据通过责任主体“区块”的方式环环相扣，自动验证上下游“区块”药品数据合规性，保证数据真实完整，记录数据变更过程，最终把物流和信息流合二为一。

第四步，利用共识创造信任。因为区块链的防篡改和可追溯的特质，使得造假和对数据改造变得不可能，这样就会让各个环节都产生了信任。通过区块链多方参与，共同维护同一个账本的形式，供应链中的参与方越多，共同维护的数据越大，就越容易给消费者带来更多的数据信任背书。基于区块链的药品信任背书，它可以成为实现药品安全的有效利器，假药将无处可藏，解决药品溯源与流通上的痛点。在追溯体系里，信任是靠管理来背书的，要依靠相关企业的品牌和管理，第三方检测机构的管理，政府的监管等，参与环节越多，信任越可靠。

基于区块链这些技术特征，以区块链为基础的药品溯源系统也将自动复制到区块链上且不能被修改，药品供应链上所有合作者都能轻松核实信息来源。区块链不可篡改的特点，既保证了数据的真实性，又确保了数据传输的安全性，还可达到降低成本的效果。

药品制造商、批发商、终端销售通过使用药品溯源系统在审计和跟踪库存上实现信息公开透明，确保药品安全，这使得假药进入医疗市场变得难如登天。而在系统用户需求方面，供应链可见性是各方共同的需求，该技术能很好地监控药品从生产到运输再到销售的全过程。

区块链的公开和不可篡改的属性，让药品溯源看到了更好的出路。因此，借助区块链技术可有效解决医疗数据存储集中、安全共享难、数据可信度过度依赖组织机构等问题，实现了去中心化、安全、不可篡改的医疗数据分享 。

电子处方：实现远程处方和科学合理配药

在医疗行业，在零售药店获取药品处方存在两大难题：一方面是医疗机构的处方限流，而且医生在给患者开具处方时，会根据自己院内的库存药品进行调查，优先使用院内药品；另一方面是常见病和慢性病的患者，不愿到医疗机构排队开具处方。因此，很多地区的药监局为了解决药品的合规营销问题，开具远程问诊的电子处方服务，比如吉林、重庆和山西等省市地区针对药品的电子处方发布文件，指导零售药店可以开具电子处方，方便患者线上就医购药。

目前已经有不少省市地区药监部门开展电子处方。电子处方将来的通行会让患者通过远程问诊获得就医买药权，这样可以缓解没有纸质处方来源造成的不便。但是，电子处方一旦开始蔓延，短期内一定会有不规范操作的问题出现，比如药店会把电子处方当成营销工具，起不到让患者远程问诊的便利作用，而是单纯为了卖药，这样也会让患者对医疗服务产生不信任。严格来说，电子处方必须建立在医生和患者之间一种更加科学和便利的基础上，而不是单单作为药品谋利的凭证。

电子处方可以这样定义：由医师在诊疗活动中使用信息系统为患者开具，能实现存储、管理、传输和重现，由药师进行审核、调配、核对，可作为患者用药凭证的数字化医疗文书。电子处方可通过网络、移动通信、数据存储设备等方式，在医疗机构、患者、药品零售机构和保险机构等之间进行存储、传输、管理和重现。

如何真正实现对电子处方的监管是目前需要重视和解决的问题，为什么说区块链能够提供技术支持呢?

区块链是一种完全不同的构造。提供普遍适用的加密工具，能够确保数据完整性和采用标准化审计，使数据访问的“契约”正式化。区块链最初被构想为金融交易的账本，每一家金融机构都创建一份包含所有存取款记录的加密清单。区块链采用公钥加密技术，以创造一条只可增补、永恒不变、附带时间标记的内容链，区块链的副本会分发到网络中每一个参与节点上。

复旦大学附属华山医院携手蚂蚁金服，推出全国首个区块链电子处方。患者只需点开支付宝华山医院公众号，就能把病给看了，医生远程开好处方药，患者在家坐等送药上门。华山医院携手蚂蚁金服区块链、联空网络和饿了么，从处方药开出的那一刻就开始“盖戳”，线上开药、线上配药、送药、签收药，都会被盖上一个“戳”，这些“戳”不可篡改，如果出现问题，处方的物流信息都能追溯。

遵循区块链思想，每一份电子处方都把有关药物、问题和过敏清单的信息更新，发送到一个信得过的、开源的、覆盖整个社区的账目中。这样，从数据生成那一刻到数据调用那一刻，都能保证数据的完整性，且不会有人为的干涉。区块链代表了一种去中心化的控制机制，在此机制下，所有人都是利益相关者，但是没有一个人能够独占这些信息。这是一次结构上的变革，颠覆了以往的医疗记录模式，从而使医院、患者以及药房三者之间达成信任关系。只有真正的可信任，才能让医院借助电子签名技术，合法地在无纸化的道路上越走越远，才能真正解决医院信息化管理的后顾之忧，也才能更好地为患者提供服务。

数字病历：保存个人医疗记录

随着国家新医改政策的颁布，全国掀起了“以电子病历为核心”的信息化建设高潮。数字病历作为电子病历中不可缺少的一部分，其应用与发展在数字化医院建设中发挥十分重要的作用。

现如今，我们有越来越多的方式获知自己的健康状况，智能手表可以为我们提供实时的身体监测，电子血压仪可以帮助我们记录长期的血压情况，我们似乎有了更多的手段实时获取丰富的医疗信息，但所有医疗信息中最核心的信息，即通常由医生诊断和记录的那部分信息仍然由医院统一管理，患者的访问权限非常有限，更不可能实时更新自己的医疗记录。与此同时，近年来，越来越多的医院遭受到黑客的攻击和勒索，这意味着患者存储于医院的医疗记录有很大可能会被盗取和篡改。

医疗方面，区块链最主要的应用是对个人医疗记录的保存，可以理解为区块链上的电子病历。如果把病历想象成一个账本，原本它是掌握在各个医院手上的，患者本人并不掌握，所以患者就没有办法获得自己的医疗记录和历史情况，这对患者就医会造成很大的困扰，因为医生无法详尽了解到患者的病史记录。但现在如果可以用区块链技术来保存，就有了个人医疗的历史数据，看病也好，对自己的健康做规划也好，就有历史数据可供使用，这个数据真正的掌握者是患者自己，而不是某个医院或第三方机构。

在区块链上记录和存储的医疗健康数据，并不只属于某个中心化的机构，这些数据是被加密的、匿名的、不可篡改的，而且是可编程的。这些特征保证了个人医疗健康数据的隐私和所有权均可受到良好保护。它可以授权用户合法地利用这些数据，但不能私自占有数据，也不能非法篡改数据。由此，基于区块链建构一种去中心化的健康数据存储方式，能更好地保护个人隐私，即使医生也要在患者授权下访问；患者本人也能利用用户身份标识符或公开密钥，实时获得自己想了解的健康信息。在患者自愿或同意的基础上，区块链技术可使个人医疗健康数据安全记录、存储和共享，从而实现跨医疗机构、跨地区乃至跨国家医疗健康数据的共享和协作。

在区块链赋能医疗健康行业方面，爱沙尼亚值得我们借鉴。爱沙尼亚虽然只是波罗的海的一个小国，但在区块链的投入和应用方面却领先于许多国家，在很早的时候就已开始利用区块链对居民的身份进行验证。今年 3 月，爱沙尼亚宣布启动基于区块链的医疗健康档案安全项目，同时爱沙尼亚电子卫生基金会宣布与数据安全初创企业 Guardtime 合作，借助区块链保证 100 万份患者的医疗记录的安全，并整合了 Guardtime 的无钥签名基础设施区块链技术（Keyless Signature Infrastructure，简称 KSI）以及自身的 Oracle 数据引擎，从而实时快速地查看患者病例。

区块链在电子病例方面能够实现多医疗组织间的有效共享的流转，最大限度地帮助和改善居民医疗就诊情况，区块链技术出现的同时很好地解决了医疗信息的安全和共享的难题。一方面，区块链数据的不可篡改性，保证了存储在区块链中的数据都是安全可靠的；另一方面，区块链数据的可追溯性，也保证每一个写入区块链的数据都是有迹可循的，任何伪造很难实现。此外，因为区块链中的数据是分布式存储的，不会被某一机构独占，这为组织间的数据共享提供了条件。在基于区块链的系统开发中，进一步可以将智能合约部署到区块链中，使得患者直接对自己病历做有效的管理。另外，医生如果从就诊患者处查看到患者的完整就诊信息，这为医生的精准诊断也提供了科学依据。

在基于区块链技术的电子病历系统中，各个医院的患者病历信息都存储在区块链病历系统中。患者通过自身的私钥对其病历数据进行加密，在患者授权的情况下，医院才有权对患者的病历信息进行修改、增加等操作，保证了患者数据信息的私密性。医院对数据信息的访问通过统一的客户端进行，实现了数据共享。由于区块链中采用了工作量机制，其内部数据极难被篡改，有效地保证了患者病历信息的安全。患者还可以对其自身持有的私钥进行交易，这就将传统的电子病历信息转化为新型数字资产。

总的来说，基于区块链的电子病历有潜力通过优化对健康数据的管理来降低成本，并实现医疗保健领域的提质和增效。将区块链技术运用到医疗健康数据上，可以显著提升安全性、共享性、互操作性（对于链上数据）、数据真实性、实时更新和获取。

除了电子病历之外，区块链还能生成DNA钱包来分享和统计患者数据。区块链在医疗行业还有很多使用价值，比如利用区块链技术进行安全存储，使用私人密钥来获得，类似于在金融行业里，比特币钱包的概念，每个人可以拥有自己的基因钱包，时刻掌握自己的医疗数据。相信这个新兴概念很快就会给医疗行业带来前所未有的改革和创新。

基因和医疗数据能够运用区块链技术进行安全存储并且通过使用私人密钥来获得，这将形成一个DNA钱包，这使得医疗健康服务商能够安全地分享和统计患者数据，帮助药企更有效地研发药物。而这种模式正在逐步建立起来。

第八章 区块链+教育：创新施教模式

区块链技术将给教育带来变革

教育一直是国人津津乐道的话题，只要有孩子的家庭都关心教育，国民素质的高低源于教育，国家是否强大离不开教育。所以，教育的事无小事，如果能够实现教育的更公平、更透明、更智能，更具信息化，无疑是人们盼望已久的。区块链如果用在教育领域，无疑会给教育带来一定的助力，实现很多之前不太可能实现的愿望。

工业和信息化部颁布的《中国区块链技术和应用发展白皮书》指出："区块链系统的透明化、数据不可篡改等特征，完全适用于学生征信管理、升学就业、学术、资质证明、产学合作等方面，对教育就业的健康发展具有重要的价值。"所以，区块链能够在教育就业生态的构建和发展中发挥重要作用。

随着互联网在线教育大行其道并将引领未来的主要教育途径和方式，数据沉淀是教育领域的重要资源。如何保证这些资源的安全性和真实性是教育领域所需要的。而区块链具备真实性、去中心化和可追溯性三大特点，更能与教育行业相融合。

第一，在线教育公司大量的数据沉淀，才能更精准地判断学生的学习行为习惯。而区块链技术的信任机制，保证了海量数据的真实性。因为真实才会让数据变得有价值。

第二，基于该技术的分布式记账方式，杜绝了机构和个人的人为造假，具备了很强的真实性，所以，用人单位可准确获得学生的学业成绩与职业素养，实现应届毕业生与用人单位的高效对接。

第三，这些真实的数据可以依靠区块链技术达到不可篡改，学生的信用体系就有了保障，助力解决学生信用缺失及高校学历造假等问题。

第四，区块链的去中心化将使各大在线教育机构减少对中心服务器的依赖，这样会降低中心服务器的维护和优化成本。而对于公立学校及传统线下教培机构，该技术可完善其相对传统的学生档案系统，明显减轻日常运营的设备负担。另外，基于区块链技术的“分布式”特性，可将从不同教育机构修来的学分或学习成果绑定、组合，申请认可此学习模式的教育机构的认证。这种模式较为适合尚德、正保远程等职教公司，以及国内各大慕课平台进行探索。

第五，区块链技术的可追溯性使得学生积累的学习成绩、学习经历以及个人获奖情况等，能够完整地保存下来。对学生来说，这是一种宝贵的财富。对教师而言，教育工作者可借此更全面地分析学生的学习行为，对学生进行更精准的评估。而对机构或教育公司而言，区块链技术的可追溯性，可实现对教育资产与智力成果的版权保护，从源头上解决知识产权纠纷问题。

随着终身学习、在线学习、移动学习，以及基于项目或现实问题导向的分布式学习日益普遍，同时也面临版权保护弱、运营成本高、资源共享难、资源质量低、学历造假易等问题。区块链技术能够赋能教育业的各个环节缓解以上痛点。

政府指导性文件中的“区块链＋教育”应用模式

将区块链技术引入教育领域，可有效解决思想教育过程中主客体供需错配、主体动力不足、客体获得感不强、教育互信缺失的问题，助力教育走向精准化、科学化、高效化、现代化。“要探索‘区块链＋’在民生领域的运用，积极推动区块链技术在教育、就业、养老、精准脱贫”等领域的应用，“为人民群众提供更加智能、更加便捷、更加优质的公共服务”。

由于区块链技术的这些特点与教育领域的需求相吻合，所以，未来区块链将为教育领域赋能，开启教育的信息化，区块链教育应用模式体现在多个方面：

第一，实现学籍的保护和证书的真实。我们在新闻上看到过××通过权力把他人的学籍调换，冒名顶替上了好大学。这样的事情如果还会发生对被替换者是不公平和严重的伤害。而区块链技术能从根本上解决学籍的保护问题。在学籍信息输入的时候，相当于在链上录入了一个节点，同时加上了时间戳。保证每个学籍信息不可篡改性。每个人的所有信息都在每个节点保存，不能因为任何数据的损毁、丢失造成信息的丢失。对应的每个人在区块链上有一个完整的信息系统保证，所有资料共存于一个链基础上，在这个基础上任何时间、地点可以查询辨别真伪。另外，一个学生取得的学历证书是否造假，在区块链上可以查询。未来证明某项学习经历或取得的证书，直接可以通过区块链发放。如果证书不能被伪造，区块链就可以变相地成为证明能力的基石。未来，教育机构和学习组织可以跨平台、跨系统记录所有学习行为和学习结果并永久保存形成学信数据库。用人单位在招聘的时候，也可以全面评估学生综合数据，使其与待招岗位相匹配。此外，学信数据库还是高校开展人才培养质量评估、专业评估的重要依据，有助于学生技能与社会用人需求的无缝衔接，可有效促进学校和企业在人才培养上的高效精准合作。

针对学历造假这一教育领域的全球性难题，麻省理工学院、霍伯顿学校、肯尼亚信息与通信技术部等机构纷纷开始尝试引入区块链技术，构建全新的学位证书系统，以实现学历信息的完整、可信记录。基于区块链去中心化的、可验证的、防篡改的存储系统，可以保证存放于区块链中的学历证书和文凭的真实性，使得学历验证更加安全、便利、高效，同时还能节省人工颁发证书和检阅学历资料的时间、人力成本，以及学校搭建运营数据库的费用。

数字货币存储在区块链上具有较高的安全性与可靠性，在教育领域可以将学生成绩、个人档案以及学历证书等重要信息存放在区块链上，防止信息丢失或被恶意篡改，构建安全、可信、不可篡改的学生信用体系，助力解决当前学生信用缺失以及全球学历造假等问题。

第二，保护教育资源的原创性和归宿性。未来线上教育会增多，那么教育资源的界定也成了一个难题。不同培训机构、不同教育者，如何保证教育资源的独创性和不被侵权呢？在区块链的结构中可以进行分布式数据的存储。每个作为节点的结构，教师个人可以发布自己的相关教学应用课件，多媒体课程于其上，发布的同时分布式处于多个节点中，可以保证信息的共享，资料的查询。每条信息有独立的时间戳证明验证，保证了发布者的权益不被侵犯。原创的教师既享受到丰富的教育资源来进行相关的教学工作，也可以发布自己的原创作品来获得相应的知名度和收益。

第三，改变学习方式和对学生评价机制。传统时代的学生在学校的学习行为和结果只能靠考试成绩和老师的评价来获得。区块链技术可以用作分布式学习记录与存储，允许任何教育机构和学习组织跨系统和跨平台地记录学习行为和学习结果，并永久保存在云服务器，形成个体学信大数据。过去，家长为了让孩子接受良好的教育需要花费大量的时间和金钱，从购置学区房，到天价赞助费，再到辅导班接送，孩子也为了学习而疲于奔命。近年来，区块链技术的发展使“互联网＋教育”逐渐渗透教育行业，在线教育改变了孩子们的学习方式，让每一个孩子都能接触到优质的教育资源，也让学习这件事变得更加方便快捷和充满乐趣。区块链能够成为信用评价机制，教育是一个很需要良心的行业。对于学生的评语不再受老师或教授个人意愿来评定。区块链能够规避老师因个人原因对某个学生做出不符合实际的评语，因为无法篡改所以不存在公关的问题。而且在有效索引机制的情况下能建立对单个老师、单个机构的信用评价机制。

第四，打造教育的智能交易平台。线上教育盛行以后，难免会出现购买课程然后进行线上学习的场景，如何保证交完钱以后机构不跑路，保质保量完成教学任务。这就需要区块链技术来实现教育的智能交易平台，真正实现购买、使用、支付等工作全部由数字化来完成，无须人为操作，也就减少了很多纠纷。消费者在该平台系统中发出购买信息后，系统会基于智能合约的运行规则，自动将对应的学习资料准确地发送给消费者，有关该资料的物流信息也将被智能合约追踪，在消费者确认收到学习资料时系统自动确认完成支付，无须手动付款。此外，该交易平台还提供在线学业辅导、在线培训、工具下载等服务，学习者可根据学习需求进行选择，实现自主消费。区块链能够保证交易的真实有效，杜绝欺诈行为。区块链的智能合约可以对资金和学习资料进行存储和转移，学习者购买资料、服务等交易信息被永久保存、可随时被追溯，为消费者和商家的权益提供了技术支撑与过程性证据。因为区块链智能合约程序属全自动执行程序，人工无法干预、篡改，因此能够提高平台交易效率，满足消费者对知识获取迅速的需求，并且保证交易平台的可靠性、稳定性。智能交易无须第三方支付平台，就可以便捷地实现学习者与培训机构、学习者与教师、机构与机构之间的点对点交易，不仅能提供有质量保证的更高效的在线学习服务，而且节省了中介平台的运营与维护费用。

第五，打破教育资源垄断，构建智能自组织学习社区。区块链的去中心化技术是一项打破层级、打破特权的技术。有助于教育变得更扁平化，人人都可以参与教育，人人都能享受优质教育将是趋势。

区块链一旦打破了传统教育服务被学校或政府机构垄断的局面，就会使得不同的办学机构都拥有了颁发有效学历证明的资质，能够有效地推动全民参与教育体系的变革。区块链中的智能合约在开放教育资源建设方面，利用智能合约的透明、自动执行等特性，可以实现资源上传、认证、流转、共享等工作的自动化执行，降低资源共享成本，提高资源共享效率，构建网络资源流转新形态。此外，利用智能合约可以建设高效、智能的网络学习社区，实现学习社区的“自组织”运行，并实时监控社区生态环境，自动屏蔽删除不当言论，营造积极向上的社区氛围。

区块链的众多特性是非常适用于教育的，教育行业需要不断深化“区块链＋教育”的研究工作，并依托区块链技术，打造全新的区块链教育生态，打造一个教育行业公链，构建“课程教学＋市场交易＋学习环境”的学习闭环，通过互联网平台帮助更多教育机构、高校建立完善的管理机制和教学机制，为教育全球化助力。

记录学生学习轨迹，实现因材施教

利用区块链技术，构建学习区块链，将对受教育者的学习内容、学习体验、学习反馈及教育过程的每一阶段以时间为序自动形成链式记录，打破了长期以来由教育者专门记录数据的传统，而且该记录能更全面准确反映学生学习动态以及思想行为变化情况，有利于教育者更全面精准掌握教育对象；教育者利用这个真实准确的数据记录账本，对受教育者的学习过程、学习体验、学习收获进行精准分析，全面掌握每一个个体的个性特征、知识结构、学习习惯和多样化需求，有针对性地采取个性化培养，精准设计教育方案、选择教育方法、传递教育内容，实现主体供给与客体需求之间的精准对接，提升教育者的成就感和受教育者的获得感。

人的天赋不同，生活环境不同，因此评价人才的标准也不尽相同。但是我国的教育长期以来高度统一，全国一套教育计划、一套教学大纲、一套教材。虽然新的课程改革在统一性的基础上有了灵活性，有了地方课程、校本课程开发的空间，但评价考试是统一的。统一的培养目标难以培养出有个性的人才。

陶行知曾说："松树和牡丹花所需要的肥料不同，你用松树的肥料培养牡丹，牡丹会瘦死；反之，你用牡丹的肥料培养松树，松树受不了，会被烧死。培养孩子的创造力要像园丁一样，首先认识他们，发现他们的特点，而施以适宜之肥料、水分、阳光，并须除害虫，这样，他们才能欣欣向荣，否则不能免于枯萎。"同样，作为学校的教育，要遵循因材施教的规律。

设计好路径的教育培养出来的人才好像"一个模子刻的"。雕塑家要雕刻一座汉白玉人体，他画出设计图并一次次修改，之后到各地选择石材，再按照设计图雕刻出栩栩如生、连肌肉纹理都纤毫毕现的人体，这当然是一种成功，但不是培养创新人才的成功。因为，雕像没有超越雕塑家的想象，而创新人才培养恰恰是人才的发展超出我们的想象。因材施教，就是让教育去掉工业化色彩，而这需要教育领域综合的深度变革。

另外，对于学生来说，缺乏成长记录导致无法因材施教。

学生个人档案、成长记录的缺失在一定程度上导致学者无法找到与其个人相匹配的课程，教育机构、教学者无法根据学者的信息因材施教，让课程无法精确到匹配到相应的学者。如何建立个人成长记录，准确识别用户的学习需求，进而推荐与之匹配的课程，是解决问题的关键所在。

成长记录可以描述为一种对于学生的评价方式，是在国外发展起来的，反映的是学生在学习过程中所取得的成绩和进步。许多成长记录还带有反省与评价，很大程度上了反映了学生们的不断变化和真实情况，是学生在学习和成长过程中留下的一些证据和材料。成长记录具有个人鲜明的特征，能够为学生学习、老师教学提供指导。

一个好的成长记录，能够帮助老师发现学生的长项，从而实现真正的因材施教。

目前，大部分“学生成长记录系统”功能包括：错题医院、阅读摘抄、课堂问答、活动日志、精彩照片、美术书法和试卷作文等。其中，美术书法功能能够将学生的美术、书法作品进行采集识别、自动归档，形成个人甚至全校的美术、书法作品档案，既能展示学校素质教育成果，又记录了学生个人成长“轨迹”。

无论校内教育，还是校外培训，都是以学生为主。在校外培训市场面临专项治理的时候，校内教育的作用必然更为突出。与此同时，社会企业乃至校外培训机构如何为校内教育提供更为全面的服务也将成为新趋势。

区块链能够让学生生成一种成长记录，即电子版的“学生成长手册”。学生成长记录信息化平台系统里面的数据源的内容包括学生的道德素养、文化技能、身心健康、实践能力、创新精神等方面的基本信息以及学科成绩、绩效信息、学习偏好、行为方式等，全面记录学生在中职阶段成长的轨迹。学生成长记录信息化平台系统是利用数据采集技术将学生的成长过程中的信息记录在学生成长记录中。利用数据分析、挖掘工具，对学生成长记录中的学习成绩数据库、行为记录数据库、奖励处罚数据库等进行分析处理，可以即时得到学生的知识、能力、心理、行为、特长和潜质的报告单，最终形成“学生综合评价报告”。实现学生成长记录中数据的采集、挖掘、分析与有效利用，从而让教有所循，教与学都能做到知己知彼。

大部分学校已经意识到成长记录的重要性，也在逐渐尝试，未来教育搭上大数据为学生量身订制一套科学、合理、正确的成长记录，已经势在必行。

数据为我们提供了改革路线图。它告诉我们在哪里，我们需要去哪里，什么是最危险的。最优秀的教师今天使用的是以前难以想象的方式。他们需要知道自己的学生有多好，他们想知道自己需要做什么，教什么，如何教。使用数据不是一种选择，而是必需。

借助区块链的去中心化优势，教育者将受教育者全程学习经历的全面、动态数据作为最终评价的重要参数。利用区块链的智能化分析，结合教师、学生、实习单位等在受教育者有轨迹的地方为其学习表现评出的量化分数，进行多元定性评价，有利于克服传统思想政治教育过程中显性与隐性评价失衡的问题，实现对受教育者的全方位、全过程、立体化考核与评价，并促使教育者不断进行自我更新。

真正实现教育资源共享

目前，我国教育资源普遍存在分布不均、无法有效共享、信息化成本过高、学员信息过于碎片化等问题，而区块链技术能在有效整合教育资源的同时，实现跨平台、跨国优质教育资源共享，从而让学生通过更少的成本享受更好的教育。

大量的优质教育资源没有信息化，缺乏对教育资源的统一平台管理，引流困难、推广不畅、应用不够，不利于学习和分享；已有的信息化教育资源较为分散，未形成体系化；特别是三四线城市供给两端需求强烈，三四线城市学生对于课外辅导需求强烈，但当地优秀师资很有限。

互联网大数据技术进步的最大优势就是实现教育资源的共享，它重新再造了教育关系，教学活动也不再受三尺讲堂的限制；通过大数据技术整合线上优质资源，打破信息孤岛，利用互联网让城市的优质教育资源走向农村，让偏远地区的学生也能享受到同等的优质资源。

教育的开放意味着教育服务主体的多样化，打通各个教育机构之间的壁垒，突破传统的专业限制和学习时段限制，构建一个能够联通各个学校、地区乃至全世界的教育资源共享体系。

区块链的出现除能够保护著作权、记录学习过程、成果、促进学历认证以及教育的公信度之外，依托其去中心化的特征还能够在公平公正、知识产权受到保护的情况下，促成优质教育资源的共享，强化教育的开放性。

虽然我们现在拥有百度百科、知乎、学术期刊等学习资源，知识分享在现代已经成为一种普遍的趋势，在线教育也成为一种先进的教学方式，但是现有的知识共享体系内并不能解决教育资源公正、公平、知识体系全面等诸多问题，知识难以被验证、不能实现效益最大化，从而影响整个教育资源共享机制的推进。

区块链可以为知识的共享提供去中心化的验证和分布式的存储。知识库的使用者将无须登录中心网站即可获得访问知识的许可，也不会因为某个时点网站的经济、法律或政治原因被迫下线而失去已有的数据和资源。且其开放的不仅仅是教育资源，同时包括教育行为记录、教育评价结果、学历认证等。最终将形成一个去中心化全球知识库。

区块链以其公开、透明、开放的特点决定了每个教育的参与者都参与资源库建设，教育者根据教学需要上传资料，同时根据受教育者对资源的学习记录及各部门的认定记录，对上传资料作出适当调整；让受教育者根据学习任务上传学习心得、体会、经验，搭建分享与创造知识的平台，满足教育主体教与学的多重需要。利用区块链技术随时查询和追踪资源的上传时间、类型和创作者等信息技术，剔除与教育目标相悖的资源，进而实现校内外、课内外优质教育资源的优化组合，克服传统教育资源无法共享的困难。

另外，区块链技术有助于实现跨平台、跨国资源共享。当前，我国在线教育效果欠佳且尚未出现巨头企业，其根源还是一种中心化的模式和架构。而去中心化模式可以解放许多资源，提高优质资源的提供效率，加之区块链是一项全球性技术，能更好地实现国内、国外优质教育资源的跨国共享。区块链与教育结合的优势也明显在于此。

例如，一个中国内地学生想找一个美国哈佛的学生陪练一小时英语，如此简单的需求，目前其实很难实现。区块链网络可以构建一个解决个体与个体之间信任，面向全球开放的网络，正好能够彻底解决这一系列问题。人人都可以成为教育资源，而教育资源可以全球共享，人人都是受益者。

未来，在线上教育应用场景中，先进的技术还是能够使线上教育达到线下教育的目的。

区块链+教育，可以真正实现教育资源的安全可靠共享，实现知识产权保护、学历认证无边界等问题，需要一个教育行业公链来解决。这一教育行业公链可以应用区块链的去中心化特征，将减轻全国乃至全球高校、教育机构对中心服务器的依赖，降低因此产生的运营成本，而基于区块链的“分布式”特性，还可以将学生在全球不同地区学习的成绩、成果进行组合，申请认可这一学习模式的教育机构认证。同时依据区块链的可追溯性，学生的过往学习经历将得以完整保存，不但有利于教师精准分析学生的学习行为从而进行针对性教学，还方便企业查询，从而实现人才聘用的无缝对接。这一特征还可以解决知识产权和学术、版权等纠纷，杜绝学历造假等问题。

助力学生教育经历认证

新东方董事长俞敏洪在TEC2018教育创想大会上，发表了名为“AI教育的机会与发展”的演讲，他说：“未来教育领域在中国真正发生的革命还不是AI的革命，是互联网、AI加上区块链技术合起来以后颠覆的革命”，俞敏洪认为：中国教育最大的问题是所有孩子的前途主要看一次性的高考。而区块链技术的特点是数据不可篡改，孩子的学习轨迹可以被记录下来，再通过AI分析出报告，就能改变一次高考成绩决定孩子未来的现状。最后，俞敏洪用体育举例说明区块链技术的重要性，他表示：孩子们18年参加了多少体育活动，都会不可更改地记录在系统上面，变成大学的录取凭据。

这个演讲也正是大部分对于“区块链＋教育”的设想，这个设想的背后是一个重新定义人才的梦想，即升学、就业的人才评定将不仅仅依靠一次高考，不再只看一纸证书，人的各方面才能都将成为评定依据。教育改革的议题从未停止过，却总是知易行难。说到底，改革的难题不仅出在观念上，能力上也受到限制，区块链技术和AI结合未来可以在技术上有所突破。

麻省理工学院（MIT）和剑桥创新公司Learning Machine定点试行了一项计划，其中111名MIT的学生选择接受一种可以通过数字验证、防篡改的证书，并分享给雇主、学校、家庭和朋友。

对于那些同意进入试点的学生来说，他们可以在一个加密的全球网络上下载和使用证书，这个网络完全独立于麻省理工学院的控制，并且拥有世界前500强超级计算机的计算力。

如果美国受到网络攻击，致使所有服务器离线，这些学生还能验证自己的文凭，因为这个网络服务器由全世界成千上万的志愿者主导，并负责维护，以及管理所有的交易浏览记录。

之前，这样的事情不敢想象，而现在却变成了现实，这都源于区块链技术。区块链的出现，可以说对学生非常重要。

之所以有学历造假问题，究其原因，主要有三点：一是造假成本低，几十块钱就能炮制一个211重点大学毕业证书；二是用人单位鉴定成本高，周期长；三是造假风险低，用人单位发现员工或应聘者学历造假，除了开除或不予录用，并没有惩罚机制。学历造假不仅是一种欺诈，也造成了不公平竞争，同时也给用人单位带来损失。

区块链的出现，可以从根本上解决学历造假这一难题，学校通过统一的学历颁发、管理、认证的区块链平台，为学生颁发毕业证书，只要经过学生的授权，用人单位马上可以验明正身，有人说统一的学历颁发、管理、认证平台，现在的中心化系统也可以做到。从理论上讲，确实可以，但是有两个根本问题不容忽视，一是中心化的系统数据可以被篡改，而且是谁篡改的也很难被追踪；另一个是中心化的系统本身就存在被恶意攻击等安全隐患，数据的真实性受到很大的威胁和挑战。区块链系统采用分布式存储、数据一经记录无法篡改的特性，可以确保数据的真实性。

当今时代是一个全民学习、终身学习的时代，越来越多的线上、线下的学习丰富和充实着人们的学习经历。但是，这其中也存在一些问题。

首先，这些学习经历没有一个统一的记录，并不利于学习者的学习。学习者在不同的教育机构接受课程培训，但这些教育机构对于学习者之前的学习情况缺乏了解，可能由于信息的缺失，从而导致重复教学，或者教学内容超出学习者能接受范围的问题。倘若有一份准确翔实、方便调取的学历记录，就可以帮助老师更全面地了解学习者的知识背景和结构，在此基础上给予学习者更有针对性的个性化指导。同样地，教育机构可以在制定课程时参照这份学习经历记录，有所依循，更加具有针对性。

此外，不同的教育经历储存在不同的教育机构，也会带来许多不必要的麻烦。对于个人来说，一旦需要开具证明往往是一个烦琐复杂的过程；而对于用人单位来说，核实求职者的教育经历也难免要付出大量的时间成本。

我们需要准确详尽、即时便捷，而且无法作弊篡改的新型“学历”证明，而“区块链”技术似乎生逢其时。区块链上的区块环环相扣，如果修改某个区块内容，那么后续区块内容就不再匹配，导致信息篡改作废，这让信息在网络上的完整性、真实性大幅提高。

另外，对于要向别人展示的个人历史部分，学员有能力选择吗？传统的证书中，学员可以基于不同的目的以不同的结构来阐明他们的经历，例如，一个对料理和写作有兴趣的学员，在应聘新闻记者时和在应聘大厨时所要强调的重点是不同的。他可能在面试过程中用不同的方式把这些经历表达出来。有一些雇主可能更看重一个完整透明的人，但大多数情况下，没有理由让学员用一种方式展示他的所有。在缺乏更好的保护措施的情况下，公开信息的风险已经大于它的好处了。这又是一个很难处理的问题，因为你在雇用一位司机前肯定想知道他是否有醉酒驾驶的前科。然而我们相信，我们的法律和社会机制比一个新技术系统更适合处理这样的问题。一些人喜欢公开他们的受教育历史，而另一些人，更偏向于在需要的时候才展示出来。

而拥有了区块链技术，可以让学员使用数字文凭的时候，也有这种灵活的选择。当一位学员向一位准雇主展示他的证书时，只有特定的证书内容会被展示。在区块链可能会搜索到这位学员收到的其他证书，但这些证书的内容都是加密过的。

所以，区块链不仅仅能够完成一个学生学习经历、文凭真实性的认证，同时还能有选择地向需要的人展示。既具有真实性又具有灵活性，真正实现了对于学生教育经历认证的可能。

打破教育培训机构之间的壁垒

过去互联网之所以没能解决传统教育这些问题，是因为互联网缺乏可靠性，无法系统性地积累学生信息。另外，教育内容的快速更新需要特定主体，无法跟上像维基百科一样的集体智慧。最后就是收益分配的问题，过去中心化的互联网在解决教育问题时，教育者创造的收入往往被补习机构之类的中间商赚取，教育者失去长期的收入激励，不会持续进行。

区块链能够解决这些令人头疼的问题。它计划先从各式教育课程中记录获得的信息，对学习者进行分析，然后借助与合作伙伴的 API 联动及 SDK 方案，拓展多种类型的教育信息。最后通过分析，让使用者强化自身理解，获得更自由的自我学习权和教育选择权。

区块链可以在个人教育机构，教育机构团体以及国家、国际教育机构中实施。事实上，任何想要安全地存储徽章、学分和学历资格，以及分析重要教育数据的人都可以使用区块链技术。

随着教育更加多元化、民主化、分散化和非中介化，我们仍然需要保持教育的声誉，以及对认证和学习证明的信任。对相关性和就业能力与日俱增的关注，也推动我们朝着这个方向发展，与此同时，我们也需要更多的透明度。区块链可以提供这样一个系统：一个大规模的开放、在线、安全的数据库。

为什么说区块链打破了教育培训机构之间的壁垒?

其一，单一机构可以使用。

单一机构是指某个学校在使用区块链存储和发布的证书。这能够防止认证造假。加密和双重认证被用于创建、签发，并将证书放置到区块链数据库中。学校仍然为学生提供纸质的复印件，但系统创建的分散清算号码（DCN）可以让雇主进行认证。比如，麻省理工学院正在做类似的事情，尼科西亚大学也是如此。

其二，组织机构可以使用。

随着教育机构的集群和合作，认证和成就的共享需求变得现实起来。例如，代尔夫特理工大学，瑞士洛桑联邦理工学院，波士顿大学，澳大利亚国立大学和英属哥伦比亚大学的大学组织最近形成了一个代码共享的认证协议。它也可以被组成全球联盟或全球学校组织的附属组织使用。

无论什么组织机构，区块链都为其提供了低成本的共享资源。

其三，国家区块链数据库和全球评估。

在一个国家内，非常需要对系统中的各级证书进行共享：学校、学院、大学、研究所、考试委员会、行业协会、雇主等。区块链技术可以解决这一问题。

目前的认证体系并不适合这一目的。纸质系统会损失，甚至被造假。随着学生和工作群体的流动人口数量越来越多，无论是换新的教育机构、新工作还是搬到新的国家，抑或对于那些没有学位的难民，一个集中化的学历资质数据库都是很有意义的。安全的在线存储库将会有所帮助。

区块链的第一个显著应用就是评估，目前这很混乱，需要被整合清理。其中索尼全球教育拥有一个基于区块的平台，用于评估成绩。他们希望学校和大学使用该服务，以便个人可以与雇主、LinkedIn 等第三方共享数据。他们的目标是提供全球服务。

其四，大型开放式课程可以使用。

普林斯顿大学在 Coursera 上有关于比特币和区块链的公开课。尽管有人吹毛求疵，人们还是不断制作公开课，并利用网络公开课进行学习。这正在改变教育的方式，并作为一个变革催化剂，迫使大学重新思考。

但是认证问题仍然有点模糊。每个独立公开课提供方颁发证书。主要的公开课提供方之间其实可以协议安全的认证方式，甚至可以为实际学位开放公开课认证。公开课是关于分散化和扩大访问，因此有充分的理由认为，组织者将希望分散和增加他们的认证方式。

其五，企业培训和职业培训可以使用。

公司为员工提供大量的培训，但存储这些成果并不容易。目前的学习和人才管理系统技术、SCORM 等有些陈旧，需要的是一个更开放但更安全的系统，不仅在内部使用，而且在员工离开公司时也可以使用。

职业教育现在是个大事业，世界各国政府承认，过度依赖纯粹的学术机构，来提供学校后续教育是愚蠢的。在英国，有 300 万学徒制的制度是通过对工资征税来支付的。这是一个复杂的业务，因为雇主将在管理和交付中发挥更大的作用。他们将如何管理流程和认证？区块链是一种可能性，因为它可以提供一个集中化但整齐分布的国家数据库，以实现对过程和认证的确认。

第九章　区块链+金融：技术重构金融世界

清算、结算：保护交易降低成本

清算和结算是金融机构所有涉及资金转移的行为过程中的特定环节，其中，清算是发生在结算前的支付环节，该环节主要是为了提高结算的标准化水平和结算的效率。具体概念可以如此界定：

清算，包含了在收付款人金融机构之间交换支付工具以及计算金融机构之间待结算的债权，支付工具的交换也包括交易撮合、交易清分、数据收集等。

结算，该过程是完成债权最终转移的过程，包括收集待结算的债权并进行完整性检验、保证结算资金具有可用性、结清金融机构之间的债券债务以及记录和通知各方。

在清算和结算领域，不同金融机构之间的基础设施架构、业务流程各不相同，同时涉及很多人工处理环节，极大地增加了业务成本，也容易出现差错。传统的交易模式是双方各自记账，在交易完成后，双方需要花费大量的人力物力对账。而且由于数据是对方记录，真实性难以保证。

为什么说区块链能够在清算和结算的过程中保护交易降低成本呢？因为区块链上的数据是分布式的，每个节点都能获得所有的交易信息，一旦发现变更可通知全网，防止篡改。更重要的是，在共识算法的作用下，交易过程和清算过程是实时同步的，上家发起的记账，必须获得下家的数据认可才能完成交易。最后，交易过程完成了价值的转移，也就同时完成了资金清算，提高了资金结算、清算效率，大大降低了成本。在此过程中，交易各方都能获得良好的隐私保护。例如，互联网银行微众，其合作方式是联合放贷，资金的结算、清算显得尤为重要。

清算和结算作为金融证券行业的交易核心，效率低下一直是金融市场面临的一大障碍。当前的结算过程耗时较长，账户信息和结算指令时常变化，增加了沟通和人工干预成本，在交易结算过程中面临额外的操作风险。结算工作所使用数据众多、种类庞杂，在数据生成、接受、分发和拆分等环节，存在输入和输出数据风险，其中涉及很多人工处理的环节，极易出现操作差错。因此，低成本、高效率性、高安全性和国际化，一直是证券业结算体系所追求的目标，各国都在通过搭建大型高效的金融基础设施来应对。

区块链技术基于共识的数学算法，通过技术背书而非中心化信用机构建立信用，有望低成本、高效率、高安全性地解决证券行业的信任问题，加快证券交易的清算和结算，降低资金成本和系统性风险，提高交易的安全性和合规性，改善客户体验。

为此，很多国家的中央银行、商业银行、证券机构等都加强了区块链技术的研究和投入。

区块链采用去中心化的技术架构提高系统效率和安全性，降低清算与结算的交易成本，减少手工流程避免差错。系统数据通过分布式传播发送到各个节点，运行规则公开透明，可有效解决证券行业信息披露、证券发行与交易、资金托管等方面的信息不对称问题，有望以低成本保护投资者利益，对加强市场可靠性和稳定性、改善市场风险管理机制具有重要作用。

区块链技术以准实时的方式自动建立信任，实现价值转移，将交易的资产转化为“智能合约”，完成点对点的实时交易、清算与结算，将显著降低价值转移的成本，由此大幅提升清算、结算流程效率，缩短清算与结算时间，并通过提高效率和透明度来增强投资者的信心，显著提高资本市场运行效率。

跨境支付：提高处理速度及效率

随着经济的快速发展，需要跨境支付的场景越来越多，比如海外购、出国游、出国留学等，但是跨境支付中会面临高昂手续费，交易过程烦琐，收款时间漫长等问题。因为这些过程使得跨境支付的处理速度和效率变得很慢，时效性不高，比如账户难申请、多平台店铺资金管理复杂、提现到账速度慢等。加之依赖第三方机构，整个跨境支付需要支付相应的手续费，大大影响了支付的效果。

区块链技术出现以前，进行境内外交易时，需要依靠中介机构来完成交易主体间的具体清算事宜。以银行业为例，银行作为第三方中介的结构体系，每发生一笔业务，都需要银行与消费者、银行与商家、银行与央行之间实现信息的衔接，完成支付程序。该程序异常复杂，银行需要多次核对账目、结算清查才能减少纰漏的发生。各国的清算程序不同，导致一笔汇款需要 2~3 天才能到账，效率很低，资金占用量极大。区块链技术为传统银行业改善自身经营模式提供了技术支持。在区块链体系中，各区块都携带着上一段交易的信息，还能在链条上储存共享，减少了传统交易过程中复杂的流通程序。

区块链技术的出现，解决了传统跨境支付中遇到的问题，区块链跨境支付系统实现了跨境汇款秒到账，交易信息时刻共享，交易过程实时追踪，银行实时销账等高效运转环节。目前，区块链除了在票据市场、供应链金融等领域发挥着重要作用外，其在跨境支付领域的商用价值尤其值得重视。

跨境支付在银行系统中是利润最丰厚的业务，所以提升跨境支付的速度和效率就能改善银行业务的成本结构，提高盈利能力，如果跨境支付能够实现 24 小时支付、瞬间到账，效率提高的同时就省去了大量的手续费。比如，招商银行跨境汇款产品升级，利用金融科技创新，使用区块链直联汇款快速支付，通过招行总行与境外分行或子行间的直联通道实现快捷便利的跨境支付，一笔直联支付的报文可在数秒内完成交互。

金融行业如果借助区块链技术，能够解决国际银行间的交易、对账、清算结算等重大难题。比如，2019 年 6 月，Facebook 发布数字货币项目 Libra 白皮书。Libra 作为锚定一揽子低风险资产的加密货币，在价值稳定、数据安全等方面具有天然优势。清算体系方面，基于区块链的算法型账本免除了跨境交易整理多个子账本的烦琐流程，使用Libra的参与方共同协作，有助于跨境交易网络提高清算结算效率、降低交易成本。

在支付领域，区块链技术的应用有助于降低金融机构间的对账成本及争议解决的成本，提高支付业务的处理速度和效率。这一点，在跨境支付领域的作用尤其明显。目前，跨境支付结算，每笔汇款所需的中间环节不仅比较耗时，还需要支付大量的手续费，其成本和效率也就成了跨境汇款的“瓶颈”。借助区块链平台，不仅可以绕过中转银行，减少中转费用，还能借助区块链安全、透明、低风险等优势，提高跨境汇款的安全性，加快结算与清算速度，提高资金利用率。

数字票据：避免信息风险事件

票据作为一种便捷的支付结算，融资和货币政策工具，满足企业和银行短期资金的需要，并以其利率市场化先行的角色，深受金融机构和监管机构的重视。我国从2009年起引入电子票据，纸质票据与电子票据并行，目前我国票据市场交易活跃，规模迅速扩张。

现阶段票据市场主要面临几大问题：首先，票据的真实性有待商榷，假票、克隆票层出不穷；其次，划款不够及时，票据到期后，承兑人无法及时地将资金划入持票人的账户；最后，由于票据的审验成本及监管对银行时点资产规模的要求，市场上催生了众多票据掮客和中介，引发了不透明、高杠杆错配、违规交易等现象。借助区块链技术不可篡改的时间戳和全网公开的特性，就能有效防范传统票据市场“一票多卖”“打款背书不同步”等问题，降低系统中心化带来的运营和操作风险；还能借助数据透明特性，促进市场交易价格对资金需求反映的真实性，控制市场风险。

借助区块链，票据业务可以搭建一个可行的交易环境，减少信息的互相割裂和风险。在数据上，能够有效保证链上数据的真实性、完整性；在治理上，不用中心化系统或强信用中介做信息交互和认证，只要通过共同算法解决信任问题即可；在操作流程上，不仅反映了票据的完整生命周期，还能实现从发行到兑付的每个环节的可视化，确保票据的真实性；在风控上，作为独立的节点，监管机构可以参与监控数据发行和流通全过程，实现链上审计，提高监管效率，降低监管成本。

区块链数字票据其实是电子票据的扩展，也就是在电子票据的基础上引入区块链技术，从而形成数字票据。这种数字票据是一种全新的票据形式，其技术基础和传统的电子票据完全不同。相较于传统的电子票据，区块链票据更加安全和智能，也更具有前景。

票据作为支付金钱义务的凭证与区块链技术有着天然的契合性。

首先，票据是一种多项权利的凭证，本身具有很高的价值，对防伪防篡改有很高的要求。而区块链恰恰具备防篡改功能，所以，对于保护和防范票据这种价值凭证有很大的帮助和促进作用。

其次，票据本身具有的可转让性会吸引参与者是必然的，有了区块链技术的保驾护航，在众多参与方间的流转，不但能够降低成本，还能满足不同票据流转者的需求。

最后，票据拥有多种金融属性如交易、支付、清算、信用等，其交易条件复杂，需要引入中介服务提供细致的差异化匹配能力；不是所有的中介机构都具备合规经营的能力和素养，一旦出现伪造业务合同，多次转卖等行为，就会将一些风险高的票据流入金融系统，给金融市场带来潜在风险，而区块链技术的参与能够使得票据流转各方的信息对称。票据的“无条件自动实行”和智能合约的特征完美匹配，数字票据以自动强制执行的智能合约形式存在于区块链上，可以降低交易风险，同时监管机构也能实现对业务的穿透式监管，提高监管有效性。

供应链金融：破解中小企业融资痛点

区块链作为一项底层技术，不仅仅在“币圈”让人们眼前一亮，在金融领域的很多非货币化领域同样发挥着不容小觑的作用，尤其在供应链金融方面，不但能够缓解中小微企业的融资困境，而且能够提高供应链金融的运转效率并且减少因为大量人工参与造成的失误。

相比于传统供应链金融，现行的供应链金融已经在参与主体与融资渠道更为多元化、信息流转效率提升巨大的助力下，彰显出与日俱增的活力。但是，许多棘手的问题仍然存在，如信息不对称制约融资、信用环境较差、业务安全性难以保证、融资成本较高等。

此时，区块链技术的成熟，为供应链金融的种种痛点提供了解决方案。区块链的技术特点，可谓是完美地契合了供应链金融这一场景，“区块链＋供应链金融”的模式，也为供应链金融的良好运行与资产的安全高效提供了更为可靠的保障。

近年来，供应链金融作为产融结合的重要方式成为推动金融服务实体的重要战略途径。从中央到地方，鼓励支持发展供应链金融成为新的政策热点。而区块链作为近年来最具创新的前沿技术之一，以其数据难以篡改、数据可溯源等技术特性，打破了以往数据孤岛的现象，建立信任机制，并实现核心企业的信用跨级传递，逐渐成为助推供应链金融发展的“利器”。

供应链金融的参与者众，有原材料供应商、生产制造商、代理商、销售商、物流商、消费者、银行以及融资第三方等。供应链金融为中小企业融资的理念和技术瓶颈提供了解决方案，对于信贷不再可望而不可即。供应链金融提供了一个切入和稳定高端客户的新渠道，通过面向供应链系统成员的一揽子解决方案，核心企业被“绑定”在提供服务的银行。同时有效减少了银行的获客成本和风险。

传统的供应链金融紧紧围绕核心企业，对核心企业的要求极高，如要求核心企业有较多的上下游企业、对应风险控制能力要强。如果核心企业出现风险，其破坏性巨大，影响供应链中的所有企业；如果核心企业出现道德问题，容易导致核心企业借平台“自融”。同时，传统供应链金融存在众多的参与方，融资成本相对较高。参与环节众多，链条长，关联度较高，交易场景难识别等。

区块链作为一种新型的技术组合，综合了 P2P 网络、共识算法、非对称加密、智能合约等新型技术，具有分布式对等、链式数据块、防伪造和防篡改、可追溯、透明可信和高可靠性的典型特征，其技术特性在供应链金融场景中有着独特的优势。

供应链涉及信息流、资金流、物流和商流，天然是个多主体、多协作的业务模式。在这种情况下，要进行贸易融资，首先，会遇到很多真实性的问题，比如仓单多头融资，纸质仓单的真实性需要多方审核，耗费大量的人力物力；其次，涉及的多主体存在互联互通难的问题，例如每个主体用的供应链管理系统 SCM、企业资源管理系统 ERP，甚至财务系统的所属厂商、版本不同，导致对接难。即使对接上了，也会由于数据格式、数据字典不统一而导致信息共享难。

区块链将分类账上的货物转移登记为交易。任何人都不能拥有分类账的所有权，也不可能为牟取私利而操控数据。再加上交易已经被加密，不可改变，所以分类账几乎不可能受到损害。同时，通过区块链，供应链金融业务能大大减少人工介入，将通过纸质作业的程序数字化。所有参与方（包括供货商、进货商、银行）都能使用一个去中心化的账本，分享文件并在预定时间内进行支付，不仅极大地提高了效率，还减少了人工交易可能造成的失误。

基于区块链的供应链金融，通过区块链技术将各个相关方链入一个大平台，通过高度冗余的确权数据存储，实现数据的横向共享，进而实现核心企业的信任传递。基于《中华人民共和国物权法》《电子合同法》和《中华人民共和国电子签名法》的约束，借助核心企业信用额度，提高中小企业的融资效率，降低小微企业的融资成本，加速实现普惠金融。

资产证券化：实现资产增信

资产证券化，是指以基础资产未来所产生的现金流为偿付支持，通过结构化设计进行信用增级，在此基础上发行资产支持证券（Asset-Backed Securities，ABS）的过程，是以特定资产组合或特定现金流为支持，发行可交易证券的一种融资形式。

资产证券化作为填补债券市场链接实体经济与金融活动空缺的重要工具，对提高资产配置效率具有重要意义。征信体系不完善、缺乏精细化风险管理；资产评估非标准化、不能反映真实资产状况等一系列问题，也逐渐暴露了资产证券化的风险。而区块链作为一种分布式账簿，以及区块链去中心化、可靠性、不可篡改性、去信任性等优点，可有效解决资产证券化中存在的环节多、流程复杂、底层资产透明度差等问题。

依靠区块链去中心化、开放性、共享性等特征，区块链证券交易系统不仅能提高证券产品的登记、发行、交易与结算效率，还能有效保证信息安全与个人隐私。例如，百度金融通过大数据风控和黑名单筛选，发现了一些使用常规风控手段无法发现的“问题”资产，并通过区块链技术，加强了对资产的筛选、评级和定价等能力，实现了底层资产质量的透明度和可追责性。

在资产证券化方面，由于业务差异性和底层资产多样性，导致管理流程标准化程度高，不容易实现批量监管，在实际业务中规模也非常大，且呈现方式无法系统化，变更轨迹难以追溯；区块链技术由于其可信机制以及智能合约自动执行特性，可大大改进ABS领域的底层资产放量监管机制，实现资产多级追溯，穿透式监管。通过区块链技术的应用，ABS各参与方同时作为节点在链上，形成共同的业务规则，通过智能合约自动化运行，所有执行过程形成透明可查的链上数据，同时参与方无法单方面篡改，不存在违规、偏袒空间，因此能够有效放大监管规模。

当下资产证券化大部分来自企业，发行方和资产管理方都是企业，那么中间需要一种授信机制，显然区块链是最好的选择，资产及流程链上存储不可窜改就是对外部的最好承诺；通过区块链技术有效优化协作流程，提高合作效率，从而通过技术手段最大限度实现了资产自证，优化了原始资产到 ABS 资产的转换质量。

另外，资产证券化的一个重要环节是增信，分为内部增信和外部增信两种，内部增信方式包括结构化分优先劣后级、超额抵押和剩余账户；而外部增信方式主要包括第三方担保和原始权益人担保。由于缺乏先进技术支撑，获取的信息非常有限，导致传统评级方式主要依靠持牌机构。这样导致诸多问题，如资产方定价权弱、信息不够透明、系统性风险高等。而有了区块链技术后，将资产方、发行方、评级机构、交易中心链接到同一个链上，信息、数据对等情况下，整个业务链条将发生巨大变化。

首先，共识机制能够代替个体背书，提高了安全性。授信由链上的“节点”代替了集体利益，可信度也大大提升，抗风险能力也相应得到提高。其次，信息对称度提高，透明度更高。客观上“灰色操作”问题也得到很大程度规避，提升了整个业务生态商业流的透明度和可信度。最后，共识性提升，整体效率更高。建立在区块链基础设施之上的商业体系将更高程度统一原本复杂多样的规则，原本个性化、多样化规则将呈现萎缩，朝统一规则聚集，从而大大缩减了流程复杂性和项目批量实施难度，提高了整体效率，有利于业务标准化发展；而统一的规则使得链上自动执行成为可能，进一步减少了人为干预，降低了操作风险。得益于此，系统业务量也将大幅提升，行业将逐步形成整合资源优势，更良性发展。

数字经济时代的到来，“区块链＋资产证券化”新模式的出现，与其说是科技的创新、金融的变革为市场交易带来的新撞击，不如说是新时代下最优选择的新路径，为市场带来的新方向。于区块链而言，这是个通向未来的进行时；于ABS而言，这是一个里程碑的开始。

征信：提供解决征信难题新思路

随着社会的快速发展，人们对于征信的需求越来越迫切。相对于其他发达国家而言，我国的征信业起步较晚，但政府却极为重视，每年对于征信投入的费用和精力一直居高不下，对于保护公民隐私和信用评级一直在积极探索。但在征信数据的收集方面还存在不少问题：

首先，征信方面的数据有别于其他行业数据，所属用户是数据标签，涉及企业和个人的切身利益，因而无法通过数据交易平台进行共享和交换，导致正规市场化采集信用数据渠道极其有限。因此，关于数据源的竞争尤为激烈，这直接导致传统征信机构在采集数据上耗费了大量成本，致使用于数据分析及征信产品研发的资金比例缩水，征信机构无法过多关注征信产品的质量，继而影响了征信机构的水平与信誉。

其次，征信机构之间缺乏共享合作，造成信息孤岛和用户信息不对称。其根本原因在于我国数据归属权尚未确立，出于隐私保护的顾虑，拥有数据的机构往往没有积极性与征信机构进行数据交换共享。

最后，个人的信息保护依然处于被泄露的状态。想要在大数据时代下做到隐私保护和数据安全，那么对于征信业将会提出更高的要求。传统征信系统技术架构对用户的关注度较低，并没有从技术底层保证用户的数据主权，难以达到数据隐私保护的新要求。

区块链技术为什么能够为征信业带来解决征信难题的新思路呢?

第一，区块链作为靠网络生成节点用于存储及共享用户在征信机构的信息和状况，从而实现信息资源的共享共通、共建共用。能够对用户数据进行数确权，生成自己的信用资产，以用户作为数据聚合点，可联结各个企业及公共部门，进而开展用户数据授权，能够解决数据孤岛问题。

第二，区块链使信用评估、定价、交易与合约执行的全过程自动化运行与管理，有助于征信机构以低成本方式来拓展数据采集渠道，并消除冗余数据，规模化地解决数据有效性问题，还可以去除不必要的中介环节，提高整个行业的运行效率。

第三，区块链能够实现系统安全运行，起到数据隐私的保护作用。每一个完整的节点都参与了系统的维护，不会由于系统中的某一个组件发生问题而影响全局。只要不超过 51% 的节点出现问题或是遭遇恶意袭击，系统就可以继续稳定运行下去。另外，并不是所有数据都要跑在“链”上，也并不是所有数据都是公开透明的，除了数据共享交易参与的各方，不会有任何第三方可以获得数据。

征信市场是一个巨大的蓝海市场。传统征信市场面临“信息孤岛”的障碍，一直都无法解决这样一个问题：如何共享数据充分发掘数据蕴藏的价值。区块链技术为这一难题的解决提供了全新思路。提高征信的公信力，使全网征信信息无法被篡改；降低征信成本，提供多维度的精准大数据；打破数据孤岛，数据主体通过某种交易机制，用区块链交换数据信息。此外，要想实现高效的征信模式，还要解决业务场景、风险管理、行业标准、安全合规等一系列问题。

资产托管：提高效率精简流程

资产托管业务是资产托管人接受投资者委托，对相关财产进行保管，并根据资产运作特点提供相应的投资清算、会计核算、资产估值、投资监督、信息披露、对账等金融服务的业务。

资产托管业务的主要步骤为签订托管合同、开立账户、估值核算、资金清算、投资监督、信息披露、对账等，流程较为烦琐，多依赖于人工。另外，托管业务还具有参与方较多，单笔交易金额大以及各方之间交流校验较多的特点，且各方都有各自的信息系统，传统交易主要通过电话、传真、邮件等方式进行信用检验。以区块链的共享账本、智能合约、隐私保护、共识机制四大机制为技术基础，可以实现信息多方实时共享，可免去重复信用校验过程，实现对托管资产使用情况的监督，从而提高托管业务的安全性和效率，有利于流程的精简。

比如，邮储银行采用超级账本架构，将区块链技术成功地应用到了实际生产环境中，实现了信息的多方实时共享，省去了重复信用校验的过程，将原有业务环节缩短了60%~80%。另外，区块链具有不可篡改和加密认证的属性，交易方能够快速共享必要信息、保护账户信息安全，采用较低的成本，就解决了金融活动中的信任难题，为多方交易带来了史无前例的信任和信用的高效交换。

区块链技术优化资产托管主要表现在：

第一，实现了全流程的自动化，将业务指令判断和执行规则封装到智能合约中，利用智能执行合同和提供风险提示。

第二，提高了流程效率，资产委托方、管理方、托管方、代销方在资产变动、交易明细等信息的实时共享，免去反复校验、确权的过程。

第三，保证了履约的安全性和交易的真实性，通过设置密钥保证参与方信息正式、账本信息的有限可见性及交易的可验证性。

第四，确保了信息的不可篡改，将投资计划的合规校验要求放在区块链上，确保每笔交易都在形成共识的基础上完成。

未来，在金融监管渐趋严格、高新技术应用日益普遍、金融创新方兴未艾的形势下，托管行可以依托区块链技术帮助投资者把握市场热点和筛选优选投资产品，更好地实现投资管理和风控，创新托管业务增值服务，形成新的业务增长点。

身份识别：对身份进行数字化管理

在用户身份识别方面，不同金融机构间的用户数据无法实现高效交互，进行重复认证，需要支付较高的成本，还容易将用户身份被某些中介机构泄露。采用传统方式，要想了解客户，需要耗费很长时间；再加上缺少自动验证消费者身份的技术，自然无法高效地开展工作。

在传统金融体系中，不同机构间的用户身份信息和交易记录无法进行一致、高效的跟踪，监管机构的工作无法落到实处。账户认证要求保护用户隐私、保障账户安全，需要借助极高的标准化程度和加密技术；

每日数以十亿计的用户数和更多的账户数等待验证，则离不开更高的自动化程度。

基于区块链平台搭建的唯一数字身份可免去记录众多平台账号和密码的问题，也能增强数据的共通性，让数字身份在不同场景中实现多种功能服务。同时，区块链数字身份还可以保护用户的身份数据安全，提供跨网络的安全通信和数据传输，防止其被破坏或篡改并将数据管理权交还给个人，不再由机构或个人集中掌握，降低了隐私数据泄露的风险。

区块链技术的可追溯、不可篡改和分布式等特点，有助于数字身份从中心化走向去中心化，即 DID（Decentralized Identity，译为“去中心化数字身份”或“分布式数字身份”）。DID 在保护隐私的同时，能让用户自主决定谁来查看和使用身份数据，在未来还有可能转换成可兑现的数据资产。

在今天的世界，没有身份就无法拥有银行账户，无法获得社会福利，无法行使受教育的权利，更谈不上参与政治生活。区块链本身就是一个分布式数据库，不存在单节点故障这一问题，并且具有不可改变性，用户的身份信息不会被肆意篡改。不用随身携带任何证明身份的文件，借助区块链就可以对身份进行认证，没有什么有形的损失和被盗现象。

每个人都可以完全控制自己的身份，并且可以使用密钥或序列号(非常类似于 ID 号或社会保险号)来限制对身份的访问。用户可以决定自己想和这个人分享多少信息，以及自己想保密多少数据。

通过使用区块链技术，打造出简单方便的区块链身份识别认证系统，在日常生活中更加智能化地完成身份认证工作，同时减少时间和成本的消耗。区块链技术对于当代社会来说，是一大贡献，也是未来金融领域对于用户身份信息进行数字化管理的有效手段。

第十章　区块链+零售：创新商业生态

“区块链 + 新零售”打造全新商业生态

新零售，即企业以互联网为依托，通过运用大数据、人工智能等先进技术手段，对商品的生产、流通与销售过程进行升级改造，进而重塑业态结构与生态圈，并对线上服务、线下体验以及现代物流进行深度融合的零售新模式。可以说新零售的目标就是如何提高效率，让消费者获得更好的体验。新零售与区块链的结合，正是新零售日后发展与突破的方向。

随着互联网时代打通了线上线下的营销活动，让商家与消费不但缩短距离，购买商品的便捷性也大大提升。能让新零售业态持续不断发展的根基是“信任”，只有解决信任问题才有成交。

区块链技术正是为了信任而诞生的，随着数字金融等新兴业态的发展和完善，会催生出新一轮的零售革命。新零售概念下，销售的不再是单纯的商品，而是服务，服务一个个具体的人，是真正的以人为本。

“区块链＋新零售”不仅仅是新经济的风口，也不是简单的联姻关系，而是一种必然。相关调查也表明，无论是专业人士还是普通消费者，均认为区块链技术将在未来产生重大影响，而受影响力度最大的行业，就是零售。我们知道，新零售一定离不开互联网，它是前提。先前，电商时代到来曾一度引发线上商业的繁荣，但如今传统电商无论是流量增长，还是存量客户的转化，都面临“瓶颈”。诸如区块链、云计算、大数据、人工智能等技术的出现，在一定程度上破解了这些“瓶颈”，为其发展注入了蓬勃的新活力。具体到区块链技术在电子商务方面的创新应用，具体表现在以下方面：

第一，营销环境需要改善。由于电商之间竞争激烈，信誉是电子商务营销必不可少的手段之一。但是，在虚拟网络中信誉的真实性很难保证。除了一大部分用户担心商家的报复，一般都会给予较好的等级评定的情况外，有些商家会通过赠送额外商品或小额返现的方式，博取违背买家意愿的评语。而少数恶意的卖家甚至会通过大量注册虚假客户或者盗用客户信息，在自家网店内进行信誉评定。另外，对于商品推荐也常有虚假信息泛滥。种种因素导致的信息不准确已经使电子商务营销逐渐趋于形式化，营销环境不得不改善。运用区块链技术，可以对现有的信誉系统和推荐系统的不足之处进行优化，保证系统数据的准确性，并提高系统的实用性。用户的消费体验数据存储在区块链上，防篡改，可追溯；并且去中心化的结构使每个节点具有了自治能力，为用户的如实评价创造了环境。

第二，实现交易的去中心化。比如微信、QQ 等就是去中心化的商务模式。但由于失去了中心化第三方的信誉保证，真正做到不受中心化兼管很难付诸实施。而区块链可以推进相应变革，实现完全的自由贸易，不会产生交易成本，也没有人能审查交易双方及交易过程，消费者因此不用担心个人信息被泄露和滥用，商家也不用再担心自己的客户源受控于第三方。加之整个交易过程公开透明，全程都记录在区块链上，一旦有用户发现非法交易或者售卖假货，马上向执法部门举报，由相关部门进行惩罚。

第三，在线支付系统得以升级。区块链支付的出现撼动了中心化支付模式，相对于网银支付和第三方支付来说，实现了去中心化会具有更高效的支付体验。它能让参与者分享实时账本，并采用去信任的共识机制验证交易的真实性，由于不需要中心机构进行审核，因此节约了大量的交易成本。最重要的是，区块链支付是建立在点对点网络之上的，可以实现全天候支付及跨境支付，其透明性及防篡改性也能有效减少或防止国际商业贸易中的欺诈行为。

第四，区块链技术具有溯源功能。比如京东，利用区块链技术将不同商品流通的参与主体的供应链和区块链存储系统相连接。其中包括原产地、生产商、渠道商、零售商、品牌商和消费者，使每一个参与者信息在区块链的系统中可查可看。尤其是在食品行业，以牛肉为例，通过所购买牛肉的唯一溯源编码，消费者清楚地了解所购牛肉的真伪、全程追溯信息，极大提升信任。

第五，区块链能够将零售行业交易数据碎片化、交易节点多样化、交易网络复杂化进行整合，区块链技术具备多个交易主体的共识机制、分布式数据存储、点对点传输和加密算法等多项基础技术，天然适用于零售供应链的端到端信息管理，为消费者保驾护航。

“区块链＋新零售”，不单单是商誉的重塑，数据的重构，而是通过移动互联网拉近了商家与消费者之间的距离，更清晰地掌握消费数据，了解消费者的喜好、行为和消费趋势，对企业和商家组织生产和货源有直接性的数据驱动作用。

技术创新让新零售参与者数字化

区块链赋能新零售最重要的是将区块链所具备的特性与零售运营模式中每一个参与者相结合，建立一种标准的平台，让参与的元素变成数字化，从而形成信息共享和统一。因为区块链具备几大技术创新：

第一，非对称加密和授权技术，存储在区块链上的交易信息是公开的，但每个账户身份信息又是高度加密的，只有在数据拥有者授权的情况下才能访问到，从而最大限度保证了数据的安全和个人隐私。

第二，智能合约。智能合约是基于这些可信的不可篡改的数据，可以自动化地执行一些预先定义好的规则和条款。以保险为例，如果说每个人的信息（包括医疗信息和风险发生的信息）都是真实可信的，那就很容易在一些标准化的保险产品中，去进行自动化的理赔。

第三，共识机制。所有记账节点之间怎么达成共识，去认定一个记录的有效性，这既是认定的手段，也是防止篡改的手段。区块链提出了三种不同的共识机制，适用于不同的应用场景，在效率和安全性之间取得平衡。通过统一公允有效的共识机制确保交易的唯一性，能有效杜绝中心化平台为寻求利益最大化单方面数据造假、篡改，以及商户为获得平台资源采用作弊手段刷单记账破坏整个生态公平竞争等问题，从而在整个生态内真正建立数字化信任。

由于区块链具有这三大技术创新，才能从根源上杜绝造假的可能，也才能为记账提供良好的前提和准备，同时将真实世界新零售系统里的商品目标、参与各方、商业活动准确转化到区块链的世界里，实现三者的良性互动。

区块链记账的节点足够多，才不至于节点被破坏，账目被毁损，从而保证赋目数据的安全性。

例如，某地方有100个人，买东西都需要会计记账。有一天，村里派老李去买东西，一方面要到会计那儿去查账拿钱，另一方面还要确认老李这个人到底靠不靠谱，会不会卷钱跑路。如此可以看出，会计就相当于扮演了银行的角色。这样一来，会计这个角色会成为整个交易中效率最低的环节，而且风险不小，比如说会计今天不在，这事就做不成；会计还有可能被贿赂，村里会遭受损失。而应用区块链技术，就是为村里每个人都建一个完整的账目，这样的话，再与任何人交易的时候只要找到这个人即可，不需要任何第三方来干预。由此还可以看出，区块链的好处是，如果账本足够多（100个人就有100份账本），很难出现100份账本都丢掉的情况，所以整个数据的安全性也得到了提升，因为每个人都有账本，所以行业甚至整个社会成本降低，效率提高。同样，资源可以被分布式地最优部署，长此下去必然会促进新的商业运营模式的诞生和高效运行。

区块链是适应的新零售环境下的必然产物，发展趋势必然迅速蔓延整个零售行业，尤其是电商行业。应紧紧抓住时代的脉搏，把握机遇，在新形势下，因势利导，促进本行业更好地适应新零售下的大环境。

因为区块链具有去中心化开放性、数据的公开透明、信息的不可篡改等特点，很好地解决了传统零售行业商品的防伪、资金周转、账单等问题，通过区块链多方参与，共同维护同一个数据源的形式，争取尽可能多的商品供应链参与方参与其中。

去中间商，更好定位消费者

做企业、做产品、做营销，想要脱颖而出，首先要找准自己的定位。定位自己的品牌风格和调性。也就是说，当用户提到这一个品类的产品能否想起你这个品牌。比方说，提起搜索，大家会想起百度；提起电脑，大家会想起联想；提起手机，大家会想起苹果。这就是所谓的产品定位，以其占据用户心智，现在大家的选择不是不够，而是太多，所以一个产品如果无法进入大家的心智，就很难让人想起你，更不会购买你的产品，定位非常重要。

品牌定位一定要摸准顾客的心，唤起他们内心的需要，这是品牌定位的重点。所以说，品牌定位的关键是占据消费者心智。企业品牌要想取得强有力的市场地位，它应该具有一个或几个特征，看上去好像是市场上唯一的。这种差异可以表现在许多方面，如质量、价格、技术、包装、售后服务等，甚至还可以是某种脱离产品本身的想象出来的概念。

传统零售业很难做到对客户的精准定位，因此无法通过真实的数据和消费习惯甚至性别、年龄等因素做到精准推送，即使大数据时代，这些数据也是掌握在第三方平台手里，营销企业包括（原产地、生产商、渠道商、零售商）是无法直接对接消费者的，更无法查看消费者的相关信息，又如何做到精准定位呢?

而区块链技术的应用将不同商品流通的参与主体的供应链和区块链存储系统相连接，使每一个参与者信息在区块链的系统中可查可看。

既然区块链能查询到商品从源头、制作、出厂到上架销售的整个过程，那么品牌商也能看到每件商品的流向，以及终端消费者的分布情况。从这个技术角度来说，品牌商是不是完全可以直接触达每一个精准又私密的终端消费者？理论上，完全可行。并且，由于区块链技术带来的透明度提升，它将在早期阶段帮助品牌与消费者建立信任。

具体而言，就是缩减消费者和生产者之间的信息距离。还将个性化定制、针对性服务变为可能。围绕在区块链这个自由、公开、安全加密的交易平台，传统零售平台中心联结消费者，完成商品最后交付的功能，很可能会被品牌商直接接管。

随着互联网的深入普及，媒体资源和产品价格将会更加透明，利用信息差暴利赚钱将会越发艰难，而中间商的处境也会越来越尴尬，“去中间商化”将会成为悬挂在中间商头上的利剑。而由于互联网的公共性和链接性，消费者有更多的机会和品牌主接触，越来越多的消费者能够直接付钱给品牌主，这就导致现金会不增不减地直接到品牌主手中。

另外，区块链技术慢慢普及，促使品牌主必须减弱对中间商和渠道商的依赖、降低交易中间环节的成本，以增强自身在市场上的竞争优势。商业需要更加扁平的交易方式，去中间商化必定会成为趋势。在这样的大趋势下，企业如何给自己定位，然后建立匹配的运作模式和运营体系就变得尤为重要了！

商品作假变得不可能

国民经济催生了人们生活水平的提高，互联网催生了人们购物的便捷，所以人们在网上购物已经成了常态。网上购物虽然方便快捷，但也有弊端，消费者无法直观判断商品的质量和真伪，尤其是目前人们对跨境商品的需求增大，而我国对跨境电商的法律法规暂未健全，且管理制度尚未完善，商品质量和真伪更是难以保障，这也使得我们在网上购物的时候经常“货比三家”，买一件商品还要不停担心它的质量和真伪，大大影响了购物体验。

尤其还有不少代购或海外购业务的兴起，使得人们对商品真假实难分辨，假货制造和售卖也成了一大问题，这样无形中让人们不断增长的购物需求遇到了不得不防的假货痛点难以解决。

区块链的出现带来了生机与希望。比如，某知名海淘 APP 宣布升级商品全链路溯源系统，在原有的防伪基础上引入区块链溯源技术，用户购买商品后可以查看商品的备案区块、报关区块、物流区块等，实现了对商品溯源防伪，也标志着区块链商品溯源应用开始陆续落地。

比起传统商品防伪手段的中心化、成本高，区块链技术全程上链，将商品从生产到销售全过程进行整合并写入区块链，实现全流程正品追溯。试想，你在网上买到一包口罩，通过扫码查看这包口罩的产地、资质、生产车间照片等，并且通过区块链的不可篡改性保证一切信息的真实性和可追溯，你是不是就更放心了呢？

区块链最主要的特点如去中心化、不可篡改、可追溯等，很适合用于商品打假领域。以溯源链为例，在溯源链的溯源防伪系统里，一个商品的所有历史数据，从原材料采购到生产制造、物流分销、销售终端，都以“区块＋链”的形式保存。连接的形式是，后一个区块都拥有前一个区块的HASH值，信息一旦确认，任何人，无论是企业内的还是企业外的，都不可篡改，所以，区块链上的任意一条商品记录都可以通过这种链式结构追溯到本源。从供应商、制造商到运货商，为每一个产品清单来源添加可验证记录，区块链给供应链中这些操作的合法性提供了可能。另外，商品信息只要被记录在链上，就不能被随意篡改。于是，各种商品在生产、流通、销售过程中，假如被要求所有环节的信息都要记录在区块链上，那么商品的唯一性就可以确保。此时，如果有人想造假，但信息根本无法修改，也无法进入区块链中，这样就能很好地遏制造假行为。

目前，在“防伪溯源”技术上，电商巨头阿里、京东已经抢先布局。京东利用区块链、物联网、大数据技术已经建成了“区块链防伪追溯平台”，通过一系列合作共同打造“京东品质溯源防伪联盟”，将全链路信息进行整合，实现跨品牌商、渠道商、零售商、消费者并精细到一物一码（或一批一码）的全流程正品追溯，大大提升了用户的信任体验。相信不久的将来，区块链技术能够在新零售领域做到真正杜绝假冒产品，为消费者保驾护航，让零售产业更加健康有序地发展。

第十一章　区块链+物流：商品防伪溯源

“区块链＋物流”的优势与应用方向

近几年，我国物流行业称得上成长迅速，但在正视这一点的同时，也要看到行业中存在一些非常严重的问题，如效率低下、经常丢包爆仓、错领误领、信息泄露、链条长等。如今，基于区块链的应用已延伸到社会的各个领域，在物流领域也得到了初步发展。依靠区块链技术，能够真实可靠地记录和传递资金流、物流、信息流，从而优化资源利用率、压缩中间环节、提高行业整体效率。

传统上，供应链交易是手动完成的，记录错误和延迟的风险概率较高，这会导致记录和实际加载的内容之间存在差异。通过使用区块链技术对此过程进行数字化处理，相关信息直接从放置在卡车上的传感器获取，然后进入区块链，从而创建一个单一的共享存储库，供所有授权参与者访问，参与者只能是达成共识各方。通过该解决方案，一旦卡车离开分销点，就会向客户自动发送消息，通知他们有关负载、重量和预计到达时间。如果部分交货已退回，则可以根据交付的实际货物自动开具发票。此外，通过位于卡车上的传感器，使用物联网和区块链，一个信息库就生成了，该区域链跟踪从分发点到最终客户的每辆卡车及其各自负载所进行的所有交互、停车和交易。透明度的提高有助于增加托运人与其客户之间的责任和义务区分，促进业务流动。

同时，区块链技术可以实现对商品的溯源。从生产到销售，每类商品都会经历复杂的流转。在关键的环节节点，我们就给那个节点设置一个密钥。密钥，就是一串加密地址，上面携带了这件物品的全部真实信息并且不可篡改。

例如，某人从网上买了一瓶红酒，首先酒厂会有一个密钥，上面记录了酒厂的全部真实信息，然后每瓶红酒都有单独的密钥地址，记录它的生产日期、年份等全部真实信息，送货员送货时会将红酒装箱，而装红酒的箱子也有一个单独的密钥。所以，这个箱子和箱子里的红酒都被标记并且记账了。而负责运送的车辆和送货员必须对密钥进行对接和确认，这样就被全局记录在账本上了。等红酒送到用户手中时，发现是假酒，再层层对账就可以知道是酒厂贩卖假酒还是送货员偷梁换柱了。

如果区块链技术使物流能够更安全、更透明，它在整个供应链中就会呈现更多的可能性。每当产品易手时，交易都可以被记录下来，从制造到销售创建产品的永久历史。这可以大大减少时间延迟、成本增加以及困扰今天交易的人为错误。

“区块链＋物流”将来可以实现：

第一，能够保证货物安全，避免快递爆仓丢包。区块链是一种分布式、多节点、大家共同操作的数据库，系统中的每个人都可进行记账，使整个系统获得了极大的安全性，也保障了账本记录的公开透明，避免了人工与纸质信息流程，大大降低成本，提高效率。对于货物的运输流程也可清晰地记录到链上，从装载到运输再到取件，整个流程清晰可见，可优化资源利用、压缩中间环节，提高整体效率。同时，借助区块链技术的防伪与溯源功能，确保了信息的可追溯性，从而避免丢包，错误认领的发生。对于快件签收者来说，只需查下区块链即可，这就杜绝了快递员通过伪造签名来冒领包裹等问题，也可促进物流实名制的落实。

第二，能够优化货物运输路线和日程安排。在国外，区块链已有了一定规模的应用。比如，将区块链用于集装箱的智能化运输，具体来说就是把集装箱信息存储在数据库里，区块链的存储解决方案会自主决定集装箱的运输路线和日程安排。这些智能集装箱还可对过往的运输经验进行分析，不断更新自己的路线和日程设计技能，使效率不断提高。对于收货人而言，不但能从货物离港到货物到达目的港为止全程跟踪，还能在一定程度上修改或优化货物运输的日程安排。

第三，能够对收件人的信息进行保密。在物流过程中，通过运用区块链的数字签名和公私钥加解密机制，可以充分保证信息安全以及寄件人、收件人的隐私。比如，快递交接需要双方私钥签名，每个快递员或快递点都有自己的私钥，是否签收或交付只需查一下区块链信息即可。假如用户并没有收到快递就不会有签收记录，快递员也无法伪造签名，因此可杜绝快递员通过伪造签名来逃避考核的行为，减少用户投诉，防止货物的冒领误领。而收件人也无须在快递单上展示自己的实名制信息，使得安全隐私有了更多保障，从而会有更多人愿意接受实名制，进而促进国家物流实名制的落实。此外，运用区块链的智能合约，还能够简化物流程序和大幅提高物流的效率。

第四，能够使国际物流顺畅化。较之国内物流，国际物流由于运输距离长、中间环节多，涉及海关、银行、保险、商检等部门，物流运行过程更加复杂，效率更难提高。而通过运用区块链技术，能够将众多组织全部链接起来，并将所有组织的信息实时记录到区块链里，企业、货主、海关、银行等均可实时分享，从而大幅提高供应链的透明度和数据的可信度，同时也实现了无纸化办公，节约资源，提高效率。

第五，能够对运输的危险品进行监管。在物流中，有一类比较特殊的物品，那就是危险品。危险物品的储存和运输中，除了要考虑成本和效率，更重要的是要处理好安全保障的问题。基于区块链的不可篡改等特点，它能实时、准确、有效地监管危险物品在整个物流中的流向和状态，利于监管部门进行事前监管而不是事后问责。加之区块链可以记录供应链中的分销商、供应商、运输商等所有相关信息，并永久保存，一旦出现问题，监管部门可以及时迅速地进行查询和追责。

构建数字化供应链

供应链管理的最高境界在于：内外协同，千军万马、步调一致！这是每一位供应链管理者的梦想。然而，实现起来却不是一件容易的事。

供应链是由供应商、制造商、分销商、零售商、用户连成一体的复杂的功能网链结构。在这个链条上，资金流、信息流、实物流交互运行，协同难度极高，传统的依靠单一“链主”的协调机制已经遭遇“瓶颈”。而区块链的“去中心化”模式，为解决这一问题提供了丰富的想象力。

区块链技术能够使企业与企业之间建立信任。由于数据不可篡改，信息变得对称，企业沟通成本降低。解决了信息失真问题，供应链的运行效率大幅提升。其次，区块链的“共识机制”让企业之间甚至可以形成所谓的“动态联盟”，即联盟内的企业可以自愿加入或退出，只要符合联盟的准入和退出的标准即可，而由于“共识机制”和信任的存在，企业加入和退出的成本极低。

目前，全球已经成立一个“全球区块链货运联盟（BiTA）”，一家全球化的区块链教育和标准开发行业组织。目前已经吸引了包括通用电气运输集团、京东物流在内的230多家全球公司的加盟。

利用区块链技术构建“数字化供应链”，也是发生于零售业的一项延伸性技术创新，尤其是发生在全球跨境的供应链管理和流通。

另外，这在跨境供应链管理上，还有更精妙的应用。利用区块链技术，商品的全球链路可追踪技术，会更加精准无误。分布式记账让商品的全链路过程，从汇集生产、运输、通关、报检、第三方检验等信息，全部得到加密确证，不仅不可更改，每个流程还能清晰可追踪、可监控。

区块链作为一项分布式账本技术，能够确保透明度和安全性，也显示出了有望解决当前供应链所存在问题的潜力。将分类账上的货物转移登记为交易，以确定与生产链管理相关的各参与方以及产品价格、日期、地点、质量、状态和其他相关的任何问题，这是将区块链技术应用于供应链的一个简单的范例。

分类账公开发行，便有可能将产品追踪上溯到所用原材料阶段。由于分类账呈现分散式结构特点，任何一方都不可能拥有分类账的所有权，也不可能按照自己的利益来操控数据。此外，由于交易进行加密，并具有不可改变的性质，所以分类账几乎不可能受到损害。一些专家也已经表明了对区块链的信心，认为区块链技术是无法破解的。

区块链技术有可能会成功改变供应链，并颠覆商品的生产、市场推广、购买和消费方式。从长远意义来看，提高供应链的透明度、可追溯性和安全性能够促进一种信任和诚信的环境氛围，防止供应链系统中一些不规范的做法，从而有助于构建更安全、更可靠的经济体系。

区块链被设计成永久性地记录交易——不仅仅是货币交易，更重要的是，在数据交易中，记录是不能被篡改的。这与中心化数据库形成了鲜明的对比，这些数据库可以在创建条目之后进行修改。

这种独特的设计意味着区块链可以增强组织之间的信任，并为供应链的信息系统增加另一层安全性和可靠性。通过将信任的问题交给一种没有任何一方控制的去中心化算法，他们承诺在现有的供应链上提高透明度，并允许更多的流动的、动态的供应链。对于生产者和消费者来说，收益可以体现在商品和工作流程的可追溯性上，最终提高效率和降低成本。

解决物流领域的防伪溯源问题

很多公司，政府部门，在做各种用区块链来溯源防伪的项目和系统，比如食品生鲜的溯源，产品商品的溯源，号称可以追溯源头，从而保证食品的安全，商品的真实。越来越多的防伪企业开始强调自己的技术可溯源，防伪和溯源几乎成了硬绑定。溯源要求来源可查、去向可追，除了实现防伪的功能外，对于厂商而言，它也能防止经销商串货。

例如：

某服装品牌发往贵州和北京的服装防伪码不一样，在贵州它可能需要做一些促销来刺激市场，而在北京则不需要。当该品牌通过防伪码发现北京出现大批贵州的货，说明贵州经销商将货串卖到了北京，那么该品牌开拓贵州市场的目的非但没有达到，还被贵州经销商掠去了差价利润。这对于品牌来说是极大的损失，因此很多品牌方将防伪和溯源一起做了，有时候溯源甚至成为厂商考虑的重点。

传统的一类是电话防伪，一类是图案防伪。因这两种方式需要消费者打电话，发短信，刮涂层输入 16 位码等查询起来很烦琐，目前逐渐向二维码演变，一物一码，只需要扫一扫就能查询真伪。二维码一般对应一个网址，除了显示真伪信息外，还能进行溯源，记录原材料信息、生成地信息、物流信息等。

防伪溯源通过传统的二维码技术其实已经能很好地解决问题了，其痛点在于防伪数据存储在了中心化结构上，易于篡改，公信力不强。而区块链技术的透明性和防篡改性，恰恰实现了这点。

区块链技术能够搭建一个从源头到流通、保证各个环节真实可靠的平台。简单来说，物链提供的是一个由生产商、品牌商、经销商等各个节点共同维护的账本系统，包括生产、入库、出库、分销、零售等各环节都登记在区块链上，保证信息真实有效、无法篡改，以防作假。一方面，品牌可以实现防伪，以达保护品牌的目的；另一方面，这本身也是一个增信的过程，是塑造品牌的手段。

区块链技术具有分布式高可用、公开透明、无法作弊、不可篡改、信息安全等特性，被比喻为“信任机器”。区块链防伪正是利用区块链的技术特性，基于开源区块链框架，自主设计研发的一个高级别的通用存证、防伪平台。平台具有适用面广、接入简单、防伪防篡改能力强等优点。

通过与区块链的结合来实现产品身份信息自证，或将成为整个防伪追溯行业的信任门槛，从根本上改变生产主体、防伪追溯服务商“自说自话”的局面，提升第三方联合体背书的技术基础。

例如，美国线上艺术品拍卖 Paddle8 和瑞士技术公司 The Native 合作推出了一项基于区块链的艺术品认证服务。Paddle8 将为通过网络出售的数千件艺术品提供一种名为 P8Pass 的数字证书，并将这些信息在比特币区块链上进行编码。

P8Pass 是一种数字证书，其数据被连续编码到区块链上，并与数字目录、博物馆目录信息和专业文献联系起来。在 Paddle8 上购买的每一件艺术品都包含一个数字证书，通过证书能直接访问该艺术作品的历史收藏者和作者信息。这项服务是与美国科技公司 Verisart 合作开发的，Verisart 是 The Native 为数不多的投资公司之一。据报道，该服务允许买家实时查看数字证书，而不需依赖之前收藏者的单一证书。这些数据一旦被记录在比特币区块链上，不能在所有用户不知情的情况下擅自篡改。

基于区块链的技术，未来防伪溯源将成为可能，也能应用在更多的领域。

区块链在物流场景中的应用

区块链在物流场景中的应用有很多，知名的企业如沃尔玛、天猫、京东等都在积极布局区块链系统。

沃尔玛向美国专利局成功申请一项专利，一项名叫“智能包裹”的区块链技术，利用区块链技术完善更智能的包裹交付追踪系统。沃尔玛的这项技术，能实现包括卖家私人密钥地址，快递员私人密钥地址和买家私人密钥地址等，一系列用于监管配送地址的加密技术。

阿里巴巴物流服务商菜鸟网络与天猫国际（天猫跨境电商平台）联合发布，基于区块链的防篡改物流追踪数据。消费者在手机淘宝的物流详情页面，可通过底端的“查看商品物流溯源信息”按钮，进入商品溯源页面，即可查看购买商品的全部溯源信息，确保商品来源真实可靠。

阿里巴巴的 T-Mall 电子商务平台通过与物流公司 Cainiao 合作，在其跨境供应链中采用区块链技术。据中国通讯社报道，该合作关系旨在将进出口货物的信息转移到区块链上，该区块链可跟踪其原产国，港口和方法，抵达港口和海关报告详情。

阿里巴巴合作伙伴声称，来自包括上海、广州和深圳在内的多个城市的中国消费者将通过电子商务的移动应用程序为来自50个国家的约30000件商品追踪基于区块链的物流信息。此次合作也标志着阿里巴巴最近采取措施提高消费者对打假产品的信心。正如之前报道的，去年早些时候，阿里巴巴与普华永道合作开发了一个系统，该系统旨在利用区块链技术减少食品欺诈行为，被称为食品信托框架。

全球最大的连锁商超沃尔玛也在食品供应链中采用了区块链技术减轻食品安全问题。通过数字化的可追溯性，食品可以从产地追踪到商店，这意味着可以透明地绘制一个特定物品的生命历程。在一定程度上，这有助于沃尔玛评估其运营的每个阶段的健康风险，增加了沃尔玛食品供应链的信任、安全和透明度。从消费者的角度来看，他们可以通过智能手机了解到更准确的食物跟踪细节，这增强了他们的信任感。

大型电商平台京东在区块链溯源领域最早的探索于2017年5月就开始了，京东供应链追溯与防伪平台创新项目获京芽杯“创新种子奖”。其后，京东陆续成立了品质溯源防伪联盟、跨境溯源联盟等，并于2018年3月，推出了“区块链防伪追溯平台”。而在其中的“6·18”期间，京东总计售出的区块链防伪追溯商品数量同比增长超过200倍。截至2019年2月底，已有700余家品牌商接入京东全球区块链品质溯源计划，超50000个商品实现消费者扫码查询溯源信息，已累计超13亿条上链数据，逾280万次售后用户访问查询，覆盖生鲜、母婴、美妆、二手、奢侈品、医药、便利店、跨境溯源等多品类场景。其后，在2019年4月发布的《京东区块链技术实践白皮书》中，还记录了京东将区块链技术，应用于精准扶贫的商品溯源、食品溯源、跨境商品溯源、二手商品溯源、时尚领域商品溯源等方面。

通过这些企业对于区块链技术的应用，可以在物流方面提高供应链效率，同时商品的来源和质量能够得到有效监控。更重要的是，区块链技术有望通过共享账本处理供应链中的复杂关系，获得战略联盟合作效果的理想途径。

第十二章 区块链+公益慈善

区块链技术解决公益慈善痛点

中国的慈善事业蓬勃发展，根据《2018年世界捐助指数》，中国已经是世界第三大捐赠国。《中华人民共和国慈善法》鼓励了新的参与者的蓬勃发展。2016年8月，民政部指定13家慈善组织互联网募捐信息平台，包括阿里巴巴和腾讯等科技巨头名下的慈善组织。更宽松的限制与移动设备的广泛普及相结合，以前所未有的速度加快了慈善事业的在线筹资。阿里巴巴和腾讯分别将募捐平台整合到了支付宝和微信中，这两款手机应用非常受欢迎，它们都是慈善平台，用户可以向各种各样的慈善机构捐款。例如，由腾讯发起的中国最大慈善活动“99公益日”，在2018年9月7日至9日期间，收到了来自2800万用户的8.3亿元人民币的捐款。

中国科技巨头们充分利用拥有数亿用户的中国丰富的数字生态系统，发明了向慈善机构捐款的新方式。个人可以将他们的各种活动转化为捐赠资金或商品，企业或组织会将其提供给各种事业和组织。

中国的慈善家和企业家已经开始寻找解决方案，并通过使用加密货币比特币的基础区块链技术，为该行业建立了一个值得信赖的框架，为小型组织提供了平等的发展机会，并已取得了一些成功。区块链是由存储在公共数据库中的数字信息或记录的“区块”链接而成。当数字记录被创建时，分布式计算机网络将对其进行确认，并将它们与链中的先前条目配对。由于这个分布式网络保留了区块链，所以没有人能够控制它，即使发生了某种故障，也不会对人员或其他设备造成伤害（或者将伤害最小化）。

区块链不仅帮助中国社会企业家提高了中国慈善事业的透明度、可信度和筹资水平，还有助于打造更去中心化且自主的慈善部门。

区块链去中心化技术能将慈善公益项目相关信息分布在网络的各个节点上，目前还没有什么技术能同时篡改整个网络51%以上的节点数据，这就杜绝了某一个组织或个人操控一个慈善公益项目为自己谋求利益。并且区块链上所有信息都是对全网络公开的，相关人都可以对每一笔交易进行查询和追溯。这样我们就可以知道所捐助的每一笔款项的对应接收人是谁、是如何使用的、一共发放了几次、救助效果如何等。另外，智能合约的使用解决了传统慈善公益项目中复杂的流程和暗箱操作等问题。我们只需把相关的条件和要求设定后智能合约就可以自动地执行了。比如，我们收到一个贫困儿童求助的请求，系统自动生成一个智能合约，智能合约确认真实性后给出救助方案。款项的金额，款项的使用步骤和将会达到的效果等内容都会在合约中体现。整个合约从收款到执行都可以自动地操作，并将执行情况自动给出反馈。整个过程不需要人工干预，并受所有参与当事人的监督，通过智能合约这种全自动的模式确保了项目平稳落地。

如果说互联网起到的是连接的作用，那么区块链就是为了优化互联网。2017 年是区块链走进生活的一年，而 2018 年甚至未来的很多年，将是区块链发展的时代，现在随时都有可能出现区块链独角兽企业，并且会赶超现在互联网龙头的成长速度和质量。

区块链技术可以说是慈善公益的最佳“良药”，除了上面我们说的可以对捐赠过程公开透明化，对当事人的隐私起保护作用外，对于慈善平台而言，不仅可以提高平台的公信力，还可以简化这中间的流程，降低慈善事业的运营成本。

所以说，区块链技术可以没有慈善公益，但慈善公益却不能没有区块链这种“传递价值”的技术来为自己背书。其实，很多人都有善心，但社会如果被一些“假慈善真私心”事件影响，那些爱心的付出者就会感到寒心和担心。慈善公益与区块链技术相结合，相信会给这个行业带来新的活力和生机。

区块链在公益慈善中的优势

区块链在公益慈善领域显现出来的优势，主要有三个方面：分别是成本优势、效率优势和价值优势。

第一，成本优势。区块链作为一个公开的数据库，具备信息透明、可追溯、防篡改的特点，无形中能够大大降低信息披露的成本。链上的信息对所有人开放，并且每一笔善款都记录来源和去向且由于节点众多人人都可以对账目进行查看和监督，能充分保证项目和资金的透明性和公开性。对于捐赠人和受赠人来说，每一笔交易都能进行查询，区块链具有去中心化和防篡改特点，信息分布在各个节点上，由于目前已有的算力无法同时篡改网络51%以上的节点数据，这就杜绝了某一个组织或个人操控一个公益项目为自己谋利益的可能性。

第二，效率优势。由于区块链的智能合约自动执行的特性，只要设定好相关参数就能自动运行，实现高效率的多方协调，减少管理成本，提高执行效率，保障项目的高效运行。以疫情期间防控为例，如果医院发出医疗物资需求，利用区块链技术，需求被导入智能合约，自动实现对物资募集情况、物流运输、分配签收等全流程跟踪，保障项目的顺利进行。

第三，价值优势。公益慈善需要照顾多方的利益才能激发更多参与者的积极性。多数参与者是社会志愿者和热心公益事业的人，由于公益项目的非营利性，吸引别人参与的不是经济利益，而是代表同情心、社会声誉、个人善举和大爱之心、文化和社会伦理价值等。面对参与者的不同出发点，区块链的激励相容机制可以实现多方利益的共赢，实现社会价值最大化。

慈善组织想要取得公众参与者的信任，必须设法令公众获得慈善组织内部和外部发出的真实、权威、可靠的信息。但信息的传递方式决定了慈善组织的真实信息是否能够到达公众身边，从而决定了公众对慈善组织的信任程度。由于信息传递过程中存在遗漏、扭曲现象，且信息传递环节越多，信息遗漏越多，所以第一手信息和第二手信息对慈善组织公信力会产生不同的影响。区块链的信息都是最真实防篡改的信息，所以会让公众产生信任。

当区块链能够在公益慈善领域表现出成本优势、效率优势和价值优势的时候，那么公益慈善事业就会解决原本存在的很多问题，让人们对公益慈善产生更大的参与热情，也对传统公益慈善机构产生更多的信任，从而使得更多需要救助的人得到有效捐赠，更多想要献爱心的人知道自己的资金流向，以便推动公益慈善事业朝更加良性循环的方向发展。

区块链推动公益慈善事业变革

第一，解决慈善机构或组织公信力低的问题。区块链技术的去中心化特点意味着无论是筹集善款还是发放救援财物，或许不再需要第三方的参与，捐赠人不再需要对慈善机构和慈善组织加以充分信任，整个慈善捐赠体系将由全体捐赠人和受益人拥有并维护。

第二，追溯慈善组织资金去向问题。区块链的透明度和可追溯性，每一笔交易都可以被用户查阅并追溯，慈善捐赠人和感兴趣的社会大众将可以自行监管慈善款项的来源和流向，而无须像以前一样督促慈善组织公布各项信息。同时，区块链的高度安全性可以保证记录于其上的每一笔交易都真实可信，因此公众也无须质疑慈善组织是否在公布信息时有隐瞒或欺骗行为。这些特质都将有利于慈善捐赠人和社会大众消除对于慈善组织的怀疑，提高慈善组织的信用水平，从而促进慈善事业的发展。

第三，解放慈善组织机构高度权力集中化的弊端。区块链的智能合约几乎不需要额外的第三方对其监管。所以，能够使得慈善组织机构将使责任与权力从原本高度行政化的集中组织架构中解放出来，流向区块链中的各个参与者，有望重新构建一个扁平化的慈善组织体系，从而解决现有的慈善组织行政性倾向严重问题。

第四，改变了捐赠人和受捐人的方式。由于区块链技术的公开透明，能够记录下所有的信息并且不会受到人为修改，那么捐赠人就知道了自己善款的精准去向，捐助人的热情也会提高，不用担心自己的善款被挪用或者被贪污。同时捐赠人或受捐人能够通过区块链构建起的数字平台实现便捷的支付。当面临突发的自然灾害和人道主义灾难时，人们可以在第一时间通过这种便捷、实时、公开、透明的捐赠方式奉献爱心，为受灾地区提供更高效直接的、更有针对性的资金援助。区块链的智能合约机制能够实现慈善的自动化与智能化捐赠。基于区块链技术的智能合约本质上是一个复杂的计算机程序，当满足事先设定的条件时，智能合约中的条款将自动触发执行。比如，阿里巴巴旗下的金融科技子公司蚂蚁金服集团是将区块链应用于公益事业的先驱。它与中国社会救助基金会合作，利用区块链技术进行了一项小型试验，为 10 名听力障碍儿童筹集资金，很快便从 50000 名捐助者筹集了 198400 元人民币。这次成功的试验激发了蚂蚁金服将区块链整合到蚂蚁金服公益平台，平台上的慈善组织利用支付宝系统筹集资金。

第五，帮助慈善组织实现自主性成长。随着公益事业的发展，有不少企业和组织积极展开募捐活动，比如轻松筹、水滴筹等平台为那些身患重病却无力支付医疗费用的人群解决实际困难，既促进了慈善机构的在线筹资活动，也为一些企业和个人提供了机会。2017年，《公益时报》将轻松筹评选为年度慈善企业，理由是其将区块链整合到众筹平台中，以促进可追踪、透明和所有参与者可以实时监测的点对点交易。轻松筹正在利用区块链来创建一个具有更大自主权的、去中心化的社会组织社区并且带动了很多加盟商平台。通过这种方式，加盟商可以独立开展公众募捐活动，提高了自主性。

第六，解决医疗保健问题。随着人口老龄化现象加剧，一些地区医疗保险已经难以为继，公共保险也面临很大的基金赤字风险。而一些自发组织的公益慈善互助平台推出类似保险的服务，前期支付少量的资金，在身体健康状态良好的情况下参与成为慈善平台的会员，在未来患大病的情况下可以获得医疗费补贴。

第七，构建公益慈善新模式。未来以区块链为依托的慈善模式，会创造一个真正以社区为基础的全新慈善捐赠模式。与传统的中国慈善不同，基于区块链的慈善是通过参与者之间的相互信任来管理的。这项新技术建立了一个共识机制，使慈善机构在没有国家级管理机构的情况下开展慈善活动。通过参与以区块链为基础的慈善活动，参与者认识到想要发展壮大，他们必须依靠公众支持和社会资源，而不是政府的认可。基于区块链的慈善事业也在扩大该行业在中国社会中的作用。通过促进慈善行业内外的协作和整合，区块链正在将慈善变成一个战略召集人，将包括慈善机构、企业、政府机构和监管机构在内的多个行为体聚集在一起，以更具建设性、透明度和效率的方式为共同利益而努力。

第十三章　区块链+政务

“区块链 + 民生”大有可为

区块链在各个领域都起到了赋能作用，在民生方面更是有可预期的未来和前景。区块链技术和我们的日常生活密切相关，探索“区块链 +”在民生领域的运用，积极推动区块链技术在教育、就业、养老、精准脱贫、医疗健康、商品防伪、食品安全、公益、社会救助等领域的应用，为人民群众提供更加智能、更加便捷、更加优质的公共服务是区块链在民生领域应承担的时代责任。

区块链在民生领域的应用场景会非常广泛，理论上所有需要信任、价值、协作的民生服务都可以通过区块链技术提供完善方案，例如，证件办理、业务办理、医药费和发票报销、公积金发放、小额信贷征信、司法审判的证据链、分布式能源、公证领域等，更多的应用还需要“脑洞大开”的创新实践。

衡量一个国家文明和社会进步的标志就是政府在公共事务能力上的

不断提高。国家越发展，越要在国计民生方面让老百姓体会到国家的实力、生存的便捷与幸福感。区块链的可溯源，安全透明，不可篡改等技术手段如果辅以民生中的各类场景，可以提高办事效率，让人们对政府管理产生更多的信任，从而提高整体国民经济与社会水平。区块链应用于公共事务，对提高管理效率、实现管理精准，对管理过程中的平等参与、合作共赢，均具备天然优势。充分发挥区块链应用于公共事务中的优势，为推进我国国家治理体系和治理能力现代化更好地服务。

目前，爱沙尼亚、阿联酋、瑞典、格鲁吉亚、美国和英国等国家已率先在政府和公共部门开展区块链应用。迪拜最近承诺到 2020 年将所有政府交易转变为区块链模式，预计每年可节省近 1 亿页的文书工作，2510 万小时的工作时间，4.11 亿千米的公民出行里程。印度的许多州也在讨论区块链的应用，如安得拉邦与瑞典公司 ChromaWay 的基于区块链的公民数据合作，同时也在探索其智能城市、交通等领域的应用。

各国之所以都在积极推动区块链参与公共事务，是因为区块链技术在公共事务的应用中有很多明显优势：

第一，点对点传输提高公共管理效率。政府公共事务服务往往容易陷入官僚体制的“层级制”，但区块链的点对点传输方式和管理层级不再是层级制，而是更加扁平化，减少了层级就无法提高管理效率。

第二，有助于公共管理精准化。比如，将区块链技术应用于食品药品监管方面，不动产交易登记等，有助于实现监管的精准化。

第三，实现公共管理的平等参与。传统时代民众很少能够参与公共管理事务，而区块链技术能够使链上的每位参与者地位平等，区块链中的数据会在不同节点进行备份，保证了数据的安全可靠，进而实现共同参与和监管。

第四，消除信任不确定性。区块链应用于公共事务有助于实现公共管理中消除“信任不确定性”基础上各参与方的合作共赢，形成新的共识机制，从而实现“合作共赢”。

由于这些优势，区块链在民生方面大有作为：

第一，增强政务处理公信力。区块链的分布式记账可实现互通、可信，公共事务治理中的信息公开、存证和溯源。给全社会一个可靠、可信并且公开、透明的“数学证明”，是让全社会最快达成共识，最快产生公信的最好方法。毕竟，通过数学算法得出结果，所有人都可以自行验证其正确与否。

第二，实现高效便捷的多方协同。区块链被设计成一个多方参与记账，共享一个账本的“总账系统”，能够使得多方实现协同、共同记账。这样可以实现跨界者的参与，使决策者有更多的参考意义；对发生在边缘、底层的情况能够及时掌握；集众多的参与者，找到术业专攻的人才。区块链分布式总账系统，就是一项帮助建立大规模协同作战系统的技术，从而实现开放节点接入许可、依据各自角色担任特殊节点、共享所有数据、共同确认数据、分别负责各种任务等多个方位协同。

第三，实现有效的激励机制。区块链是在世界越来越平、社交关系越来越虚拟化、机构越来越平台化网络化、经济和社会活动越来越数字化的时代，为解决去中心化治理的有效性而诞生的技术系统。区块链的激励机制，不是用来有效解决中心化事务处理模式的激励问题，它是用来有效解决利益多元化的、去中心化的、利益相关者模式的有效激励问题。

第四，能够给予不同隐私的切实保护。公共事务治理往往是跨界、跨行、跨专业甚至跨国的。毋庸讳言，各国、各行业、各个人都存在数据主权、数据产权、数据隐私的确权和保护需求。坚实可靠的数据确权和数据隐私保护，是跨国、跨行业、跨个人大规模合作的前提条件。区块链在公共事务方面，可以参与的领域有：

民事登记：通过应用区块链技术，可以简化民事登记程序，创建分布式的公民登记平台，甚至登记生死等重大事件。这可以帮助公民记录防篡改，有弹性、安全、私密，从而为各个相关者提供广泛的便利。

身份验证：无论是身份证、护照信息、驾驶证、出生证明等公民身份证明都可以存储在区块链账本中。将这些数字身份存储在线，不需要任何物理签名，就可以在线处理烦琐的流程，随时掌握这些文件的使用权限。

签证确权：公民财产、数字版权相关的所有权证明存储在区块链账本中，大幅减少权益登记和转让步骤，减少产权交易过程中的欺诈行为。

行政事务：政府部门有相互依存的功能，但是各自为政，影响了服务的可用性，恶化了公民的经验。区块链技术可以用来打破信息孤岛，提高效率和透明度。通过区块链链接部门之间的文件和数据移动可以提高流程的可视性，并确保数据和文件实时更新。

国防科技：有关国防基础设施和计算机系统的信息对国家安全至关重要。出于这个原因，国防信息往往分布在不同的地点，防止未经授权的访问和修改。利用区块链技术，可以为修改数据提供基于共识机制的访问，并在多个系统资源（如网络、数据中心和硬件设备）上分配访问权限。

农业：区块链技术可以实现从农民到消费者供应链追踪，即可靠的来源和可追溯性，提高透明度，降低食物价值链的复杂性和成本。其他可能的区块链应用还有记录和管理农业土地、农业保险等。

能源：区块链技术可以被部署于电力供应市场，即透明、无忧、高效的智能电网。利用太阳能通过家庭发电实现的微型发电补充了传统电力供应，并促进了可再生能源的使用。使用智能电表，电网中每个用户的生产和消耗电力记录可以保持在区块链中，分配给用户的信用或货币用于剩余电力供应和兑换用于电力消耗的信用。

在互联网时代，区块链技术在民生领域将会更广泛深入。区块链的“链”，是一种纽带，更是一种共享精神、集体精神。时代的发展为全球带来新的机遇和挑战，在这种背景下，唯有将“链”的精神不断发展，以整体模式、全局观念应对，推进人类的进步和民生的福祉。

重塑社会各环节信任

民生强不强大，取决于经济发展是不是快，而区块链技术能够为构建现代化经济体系做出重要贡献。

区块链技术是商业模式重构的基础，凡是链上的企业都是一个共同体，可以设计共同的交易结构，这个区块链就会成为一个具体的生态系统。区块链技术较互联网数字技术而言更进步，发展也更合理，更符合人们的生活所需和经济发展追求。

区块链最具价值的就是一代比一代更具有颠覆性。从比特币到以太坊又到通证，尤其是通证的出现承载着价值的量化互联。区块链的出现，不但能够解决经济社会的效率问题，同时能够重逆信任机制。

在过去的几个世纪里，人类已经见证了历次技术革命的诞生，如工业革命、铁路革命、石油革命等。这些革命显著降低了交易成本、创造了新的沟通方式并改变了基础设施架构，最终实现了新的技术范式。区块链的出现与发展，对于如今互联网时代，也是创新甚至商业革命。

经济全球化的今天，商业充斥我们生活的各个角落，商业的地位明显提升，但是商业文化和商业信用必须有一场革命，从根上解决问题，商业信用不能再建立在人品的基础上，而要建立在数据和技术上。

区域链的出现对现有的社会、经济、生活领域都产生潜在的巨大影响，具体表现在：

区块链能够显著降低信任风险。区块链通过技术背书而非中心化信用机构实现信用创造，让交易双方在无须借助第三方的条件下开展经济活动，从而实现全球低成本的价值转移。区块链能够简化交易流程，提高交易处理效率。从信用创造的角度而言，区块链对优化传统机构的业务流程、提高机构的竞争力具有相当重要的意义。

我们可以这么理解，为什么我们愿意把自己种的粮食和牲畜换成人民币呢？因为我们对国家信任，对国家发行的这套货币系统产生信任。然后拿产品去换一张储蓄卡，变成银行卡里的数字，这都是对于我们国家的信任、银行的信任，信任银行会随时给我们兑换现金，信任在网银上转账时，数字的处理不会出错，信任银行系统不会崩溃，银行不会倒闭。同样的道理，人们对于区块链的比特币、以太坊和通证又是信任它们什么呢？就是信任机器执行的代码，这个代码代表逻辑和不变的规则，能够在机器上严格执行而不会被人为更改。是信任这套构建在网络上的分布式系统足够健壮稳定，运行在其之上的这一套记账代码能够严格正确地记录数据。区块链带来的不一样的地方，是这种信任模式的重塑与转变，从对人对组织机构的信任，转变为对机器对代码的信任，这种转变能带来变革的地方，都会有无限的想象空间。

所以，未来区块链不但能够实现社会经济效率的提高，同时能够重塑信任机制，可以应用不同的领域，带来更大的价值。

实现精准扶贫

精准扶贫是体现民生的最重要领域，也是帮助贫困百姓的善举，更能体现出政府与百姓之间的诚信体系。我国一直高度重视，近几年也是举全社会之力精准扶贫。国家已经颁布了一系列的扶贫政策措施，各级部门也下大力强推狠抓，切实有效帮助贫困群体脱贫致富，实现共享福祉。

据《2018 年国民经济和社会发展统计公报》显示，2014—2018 年，农村贫困人口由 7000 万减至 1600 万，贫困发生率由 7.2% 降至 1.7%。但是在实施过程中，也存在着很大问题，比如贫困人口识别困难，不好划分，扶贫的资金使用不透明，驻村干部不作为，没有把资金用在刀刃上等。具体表现在以下几个方面：

第一，贫困人口的识别难度大。贫困人口分为失去劳动能力致贫的人和身体健康却游手好闲不去工作致贫的人。如何识别这两种本质不同的贫困，就对民生系统提出了一定的挑战和要求。

第二，为了得到扶贫，使得贫困数据造假严重。国家出台扶贫政策或真正需要帮助的人被扶贫，都是利国利民的好事，但却由于人性的弱点，希望通过数据造假来从中渔利，所以导致扶贫数据失真。尤其是农村存在很多包庇现象。有关系有权力的人往往把不是真正贫穷的人办理成“穷人”，而真正需要被扶贫的人由于缺少关系和资源，反而得不到政府的扶持。

第三，扶贫款使用不透明，不好查证。扶贫的结果应该是精准扶贫才体现了帮助真正需要帮助的人，实际操作过程中由于数据不真实、操作不透明，最终导致真正需要的人没有得到扶贫，监管机构又无法监督和检查具体给了多少钱，有多少没给，有多少漏发，有多少中饱私囊，这也是一个非常大的问题。同时，那些想要做事的青年拿到了扶贫款项之后，是否将钱用在了做正确的事上，这些都需要公开数据。

第四，很难量化扶贫成果。扶贫的目的是脱贫，如何判断精准扶贫是否达到了目的？这是很难量化的事情。

所以，在精准扶贫这一领域也需要区块链技术来助力，才能真正完成精准扶贫，让那些真正需要救助的人得到切实可行的帮扶。

为什么说区块链技术能够解决精准扶贫的问题呢？

第一，区块链的共识机制能够将被扶贫用户数据录入区块链系统，并且详细记录劳动情况、健康情况和年收入情况等，这样形成了一个数据平台，既能实时查证又无法篡改，所以首先解决了数据造假的问题。因为所有数据只要录入区块链就形成了所谓的证据而无法轻易被更改，并且有时间戳这样的细节，可以最大限度规避数据造假的可能性。

第二，区块链技术的可追溯性能够追踪和记录资金的动向和利用价值。什么时候申领的，什么时候发放的，谁经手的，谁记录的，这些只要记录在区块链里，都可以追溯，这样就可以避免挪用扶贫资金的情况，确保资金能够完全发放到被扶贫人手中。

第三，区块链的去中心化可以使扶贫、脱贫效果显著。扶贫是否实现了精准和有效，传统方式大部分是基于阶层式的逐级汇报，所依据的也仅仅是一纸文件，如此容易造成“错报、漏报、夸报和虚报”的现象。而区块链的去中心化特征，可以把社会不同的声音都融进来，大家都可以参与。如此很容易考察扶贫成果，因为人人皆可发声，造假成为不可能。

所以，未来民生在实现“精准扶贫”方面，区块链可以起到很大的作用。有区块链技术加持的公益慈善项目，无论是保险公司还是其他公益组织，或者政府行政部门，可以让公众迅速了解整个项目过程和参与人员信息，无须担心真实度及暗箱操作，公益机构也可以更专注公益项目本身，解决了过去公益扶贫资金公开难的问题，打通了保险机构与公益项目之间数据共享的“最后一公里”，引领了公益慈善领域的科技升级。

智能调控能源电力

能源电力与老百姓的生活息息相关，如果能源电力不断发展，那么未来人们的生活就会越来越便捷，无论是生产还是生活都会有更多改变，能源电力是提高百姓幸福指数的重要保障。能源电力作为国家的民生行业，事关经济发展和社会稳定，我国目前依然是以火电为主，其弊端是发电能耗大，成本高，污染大，资源浪费严重。随着优化能源结构、扩大清洁能源的不断发展，未来能源电力的调整必然是国家发展战略的重点。

区块链技术能够在能源电力中增加监测的准确度，降低成本的同时还能提高能源生产效率。当前，区块链在能源电力领域应用的场景。一是构建电动汽车的安全可信解决方案，应用于分布式充电桩和共享电动汽车行业；二是通过区块链技术实现安全的点对点交易，这个交易可以用于买卖电力、太阳能、燃气等；三是实现电力、生态系统和能源智能化调控。

第一，区块链数据不可篡改这一特性与能源电力密不可分。区块链技术可以将每一度电都记录在链上，例如，某度电于某年某月产生于某核电站，经过某条线路输送到了某个人的家里，在使用了几个小时的灯泡后这度电消耗光了，这些信息都将实现透明化。同时，区块链能帮助电力保障与流通。基于区块链技术，每一度电的产生和消费都会被完整记录在区块链网络上，而让每一度电都有迹可循的区块链，能够有效杜绝偷电漏电现象的发生。

第二，区块链可实现能源智能化调控。区块链技术，可以实现对能源智能化的调控，让智能设备与互联网信息经由区块链联结在一起。例如，某市区的摄像头捕捉到郊区某一输电设备突然异常断电，通过与其他相关节点反馈的信息，比如报警器的鸣响或某一区域灯光突然熄灭等对比，并且确认真实后，总部设备可以根据智能合约的规则设定自动派出相应人员与维修设备，去现场维修。种种智能化调控方式，都能为人们的生活提供更多方便，有效提高人们的生活质量。

第三，区块链运用在智能化能源上，比如维护电动汽车充电桩。汽车充电桩运营管理将是未来的重头戏。到现在为止，电动汽车充电桩运营商也都各显其能建立了自己的平台，出于运营考虑，各机构和平台发行不同的充电卡，并采用不同的收费标准，这给电动汽车用户带来了很大不便。而基于区块链的去中心化、共识机制等特点，运用区块链技术建立统一的充电桩底层支付平台，很容易为公众所接受。

在电动汽车与电力系统的交互领域，还存在着诸如私人充电桩难以实现共享、电动汽车 V2G 缺乏激励机制、动力电池梯级利用无法保证电芯质量等问题。区块链技术可以在前述基础上，有力推进这些问题的解决。例如，基于智能合约和分布式总账，充电桩可以实现按时租赁；基于区块链激励机制的电动汽车 V2G 可以实现自动响应；基于区块链技术实现电池电芯生命周期数据的储存和认证等。

第四，区块链保障电力信息系统物理信息安全。由于电力信息系统数据库是依赖中心化的，一旦中心数据遭到攻击，其他数据就会被读取甚至修改，这样的信息安全就会存在隐患。区块链的高冗余存储、去中心化、高安全性、隐私保护等特点，很适合应用于电力信息系统对隐私数据的存储和保护。区块链的去中心化可以有效地避免因中心化机构遭受攻击或权限管理不当而造成的大规模数据丢失或泄露，从而大幅提升能源互联网的信息安全。

最后，推动能源互联网发展。区块链的发展，能够推动能源互联网新商业模式的实施和发展。例如，推动光伏电站众筹、资产证券化等模式的实施和发展。当前，用户配电设施主要是用户自己投资建设，资金一次性投入较大。采用众筹方式进行投资建设，既可以降低客户负担，也能让投资者获得收益。但是该模式存在的问题一直难以解决。怎样才能确定众筹标的物和现实情况是对应的？这是问题的关键。要知道，如果无法确认标的物的真实性，就会产生很大的投资风险，从而影响投资者的积极性。另外，配电资产的投资收益和用电量有关，怎样才能提供精确可信的计量数据，从而保障投资者利益？基于区块链的特点，这两个难题都能得以有效地解决，使得众筹配售电有望成为一种新型商业模式。

提高公共事务管理能力

衡量一个国家的文明和发展水平，主要看老百姓是否能够体验到在公共事务方面感觉安全、放心、有强大的依靠。

随着经济水平不断提高，各国政府在科技、文化、卫生和教育等领域投入了越来越多的人力和物力，但依然存在很多问题。区块链的可溯源、安全透明、不可篡改等属性则可以帮助解决相关问题。

北京航空航天大学公共管理学院胡象明教授认为，当前区块链在我国公共事务中的应用可行、有效，发展前景广阔，区块链应用于公共事务，对提高管理效率、实现管理精准，对管理过程中的平等参与、合作共赢，均具备天然优势。在充分发挥区块链应用于公共事务中优势的同时，还应有效防范和化解隐私安全风险、系统安全风险和安全监管风险，为推进我国国家治理体系和治理能力现代化更好地服务。

在公共事务管理方面，区块链都能起到哪些有效的作用呢?

第一，推进互联网政务的优化升级。互联网的发展使得一些传统的政务服务向“互联网+政务”转型，通过区块链技术的有效运用，非对称加密和数据不可篡改等特点，使互联网政务更纯粹，数据信息更安全、可靠，由此打造出一条牢不可破的网络“信任链”，为网络交易各方构建出一个高度安全、深度信任的数据流通环境。

第二，提高政务处理效率，降低信息系统运营成本。区块链作为一项新型的数据记录技术，能够为政府监管降低 30%~50% 的成本，并在运营上节约 50% 的成本。政府各部门可以通过部署本地化的区块链节点，快速实现区块链分布式账本与业务系统数据的同步。同时，上链同步的仅为数据哈希，并不是完整原始数据的全区块链的同步。每条数据的哈希容量仅几十字节，能够在占用极小数据带宽的前提下，实现安全的数据记录同步。由此，各部门业务数据不需要再全量向中心化数据交换系统进行冗余复制，这样既减少了各部门工作量，也在跨部门业务进行之前保护了各部门的数据隐私，并减少了信息化服务中心对中心化系统的维护负担。

分布式的区块链节点能够帮助各部门在不依赖第三方的情况下，就能完成数据传输过程中对数据真实性、原始性的验证，从而确保数据传输的可信。由于验证所需的数据哈希在所有业务发生时即完成了同步，因此对数据的验证环节能够在验证部门本地完成，由此又提高了验证效率。

第三，促进政务公开和政策落实。随着人们认识的提升，对于政务公开信息的要求也日益提高，虽然政务查询环境不断改善，但内部管理权限泄露问题依然存在，对数据进行违规更改也有发生。区块链是由多节点共同完成，所以会有效地促进政务走向阳光、公开、透明。政府部门通过区块链的应用也可将职能公信力与技术公信力实现进一步叠加，从而更好地落实阳光型、服务型政府建设的政策。

第四，建立新服务模式，提升公信力。由于区块链不依赖第三方中心化服务，企业或个人也可在任意一个参与到联盟区块链的可信节点对自身数据的交换共享进行授权，从而促进金融机构对企业或个人形成更为快捷的信用评估与数据画像，使最高质量的政府数据在市场中获得价值。在这种价值数据的流转模式中，企业或个人将获得更为优质的金融服务，而政府部门也可以通过输出有效的数据资源向金融机构收取数据服务费用，形成良性数据互通模式。

以政府部门率先建立的区块链数据可信流转网络为基础，还可以创建出更多的政务应用和新服务场景。在对数据真实性要求较高的互联网相关业务方面，如互联网金融、电商等服务，线上公正、仲裁、判决等司法服务，可以以政府率先发起的区块链基础设施网络作为技术公信力与职能公信力双背书，为这些互联网业务中所涉及的关键数据提供存证服务，从而对互联网事件行为进行真实性还原。在服务模式上，这也是政务信息化开放与包容的体现——不仅对政府内部，也对外部提供更为有效的区块链数据安全类服务。

区块链赋能未来物联网

物联网包含传感器、车辆等移动的物体，基本上囊括了任何利用内嵌电子元件与外界通信的设备，尤其要用到IP协议。将它与区块链相结合，有利于物联网设备和应用的整个生命周期，是开展业务流程的助剂。可以试想一下这样的场景，联网的无人驾驶汽车可以利用私有链保证车辆的实时安全通信，包括汽车起步、司机身份确认，利用智能合约交换保险和维修服务信息，提供实时位置信息，追踪车辆。

按照传统模式，物联网往往是由设备制造商的数据中心（服务器）来收集所有已连接设备的信息，这决定了该服务器需要具有强大的运行和存储能力。而且，随着物联网设备呈几何级数增长，服务器的维护成本也将大大增加，中小型企业难以维系。

同时在通信兼容方面，全球物联网平台均缺少统一的语言，容易造成多个物联网设备彼此之间通信受阻。这是由于物联网行业存在明显的碎片化特征，无论是智能家居、智能家电，还是机器人、智能汽车等，它们所连接的网络都是割裂且封闭的。并且，物联网行业的现状依然是山头林立，各自影响力也都比较有限，在短时间内很难达成统一标准。

最严重的则是物联网的安全问题。据国家信息安全漏洞共享平台公布的数据，所有物联网终端中，80%设备存在隐私泄露或滥用的风险，

70% 设备的网络通信没有加密，60% 设备的 web 界面存在漏洞、60% 设备的软件更新未做加密。一旦被攻击，用户将毫无隐私可言。

基于此，物联网的发展显然正面临着瓶颈，而这也是它急需“牵手”区块链的主要原因。区块链如何改造物联网呢，或者说区块链能带给物联网什么价值呢？简言之，区块链技术有望带来没有任何第三方“认证”的物联网。区块链的分布式账本技术填补了物联网的五大关键缺陷：

（1）基于区块链的分布式账本可以为物联网提供信任、所有权记录、透明性、通信支持。

（2）需要注意的是，物联网社区将在几年后开发私有链，以极其安全的方式保存交易信息。利用中心化服务器收集和存储数据的物联网架构可以把信息写入当地账本，并与其他本地化账本同步，保证事实的安全性和唯一性。

（3）区块链上所有物联网交易添加时间戳，保证后人可用。

（4）区块链的真正创新在于数字协议或者说智能合约，可以应用于区块链数据，在物联网通信中执行商业条款。

（5）物联网的最大缺陷之一是安全标准不到位。具备高端加密技术的区块链可以解决安全问题。

区块链就是一种记录交易数据的计算机数据库，但这种数据库存储在很多不同的地方。同时，其分布式的网络结构提供了一种机制，使得设备之间可以达成某种共识，而无须与数据中心（服务器）进行验证。如此，即使有一两个节点被攻击，整个网络体系的数据依然是可靠、安全的。

区块链技术可以帮助实现物联网平台的分布式数据存储、交互，保证数据的安全性和可信性，同时可以记录数据交互的信息。区块链在工业设备、智慧交通与智慧城市等领域都可以有很好的应用，例如在建筑领域，区块链技术创建了一个去中心化的物联网账簿，账簿可以记录和保存所有智能设备间的交互信息。再如，国外创业公司 Filament，运用区块链技术将智能设备信息上链，每个设备在公共账簿上拥有唯一身份信息，打造了一个去中心化的物联网平台。

建立数字新经济时代

人们说未来将是数字经济时代，区块链技术将带来数字经济的巨大革命和创新。区块链是由一群崇尚自由价值观的人创造出来的。区块链以 P2P 技术、密码学和共识算法等技术为基础，具有数据不可篡改、系统集体维护、信息公开透明、分布式记账、智能合约等特性。这些特性使得区块链技术创造了人与人之间新的信任基础。这些特征如果再与构成未来新数字经济的其他技术组合或融合，才是未来区块链最终要走的路。

所谓的数字新经济主要包括大数据、云计算、物联网、区块链、人工智能五大技术。根据数字化生产的要求，大数据技术为数字资源，云计算技术为数字设备，物联网技术为数字传输，区块链技术为数字信息，人工智能技术为数字智能，五大数字技术是一个整体，相互融合呈指数级增长，推动数字新经济的高速度高质量发展。

所以，区块链的最终之路是要为实现真正的数字经济贡献力量，是联结大数据、云计算、物联网及人工智能的纽带。

第一，区块链与大数据的关系。我们现存的个经济社会无不与“大数据”有关。那么，区块链和大数据究竟会擦出什么样的火花呢？大数据需要应对海量化和快增长的存储，这要求底层硬件架构和文件系统在性价比上要大大高于传统技术，能够弹性扩张存储容量。区块链是底层技术，大数据则是对数据集合及处理方式的称呼。所以“大数据会被区块链摧毁”是完全不会发生的。相反，区块链让大数据更加完美。

区块链上的数据具有真实、顺序、可追溯的特性，相当于已经从大数据中抽取了有用数据并进行了分类整理。所以区块链降低了企业对大数据处理的门槛，而且能够让企业提取更多有利数据。另外，大数据中涉及用户的隐私数据问题，在区块链技术的加持下也不会出现。用户完全不用担心自己的私人信息被偷偷收集，也无须担心自己的隐私被公之于众，更不用担心自己被杀熟。隐私数据使用权完全在用户自己手里，甚至可能会出现，企业会通过一定的付费手段获取隐私信息，用户从中能够盈利。

第二，区块链与物联网的关系。当前全世界的物联网设备数以万计，是天然的分布式网络，也是区块链技术最佳应用场景之一。但传统的物联网设备算力低，数据交易又很频繁，存在数据产生持续性、碎片化、分散化等问题，传统的中心化存储方案也很难处理。

区块链能够解决这一问题，以数据为核心价值载体，一切围绕数据存储、数据交易、数据采集进行，将物联网设备作为节点使用，验证交易，安全灵活，其思路就是谁的数据谁付钱，存在谁那儿谁收钱。同时提供无法篡改的数字加密令牌，也就是Token，在IOT设备之间，用来物物结算。例如，家中的空调配件故障或者老化，可以自动通知厂商进行更换，并用Token进行结算；家中洗碗机的耗材用光前，也可以由洗碗机直接下单购买洗碗机盐；家中智能微波炉、炉灶、净化器等每天使用数据被分享给广告商，以便广告商进行家庭广告精准投放，并且将广告费通过 Token 返还给用户，使用户获利。

第三，区块链和云计算的关系。从技术上来看，大数据和云计算的关系就像一枚硬币的正反面一样密不可分。大数据必然无法用单台的计算机进行处理，必须采用分布式架构。它的特色在于对海量数据进行分布式数据挖掘，但它必须依托云计算的分布式处理、分布式数据库和云存储、虚拟化技术。云计算与物联网也有着密切的关系。云计算相当于人的大脑，是物联网的神经中枢。云计算是基于互联网的相关服务的增加、使用和交付模式，通常通过互联网来提供动态易扩展且经常是虚拟化资源。

区块链本身是一种资源，有按需供给的需求，是云计算的一个组成部分。云计算与区块链技术相结合，将加速区块链技术成熟，推动区块链从金融业向更多领域拓展，比如无中心管理、提高可用性、更安全等。

第四，区块链和人工智能的关系。区块链关注的是保持准确的记录、认证和执行，而人工智能则助力于决策、评估和理解某些模式和数据集，最终产生自主交互。人工智能与区块链技术结合最大的意义在于，区块链技术能够为人工智能提供核心技能——贡献区块链技术的“链”功能，让人工智能的每一步“自主”运行和发展都得到记录和公开，从而促进人工智能功能的健全、安全和稳定。

当区块链与大数据、物联网、云计算以及人工智能产生了强强联结和组合，那么建立新的数字经济社会就会成为未来的主要趋势。未来，区块链技术将在各个领域实现互联互通，跨链技术是区块链实现价值互联网的关键所在，也是区块链技术将数字经济引向未来的一条路径。

参考资料

[1] 长铗，韩锋 . 区块链：从数字货币到信用社会 [M]. 北京：中信出版集团，2016.

[2] 杜均 . 区块链 +[M]. 北京：机械工业出版社，2018.

[3] 邹均，曹寅，刘天喜 . 区块链技术指南 [M]. 北京：机械工业出版社，2016.

[4] 杨保华，陈昌 . 区块链原理、设计与应用 [M]. 北京：机械工业出版社，2017.

[5] 徐明星，刘勇，段新星等 . 区块链：重塑经济与世界 [M]. 北京：中信出版集团，2016.